Volker Knopf

Geheimtipps

Nordvogesen – Krummes Elsass

Volker Knopf

Geheimtipps
Nordvogesen
Krummes Elsass

46 ungewöhnliche Reiseziele
im nordöstlichen Zipfel Frankreichs

Geistkirch

ISBN 978-3-946036-79-1

www.geistkirch.de

2. Auflage 2020

Verlag: Geistkirch Verlag, Saarbrücken
Fotos: OT Haguenau (S. 8 und S. 148), R. Schneider (S. 42),
Jardin de la ferme Uttenhoffen (S. 134), E. Wasser (S. 186),
J. Lange (S. 205). Alle anderen Fotos: Volker Knopf
Karten: © OpenStreetMap contributors
Titelgestaltung: Florian Brunner, Saarbrücken
Satz und Layout: Harald Hoos, Landau

Printed in EU

Inhalt

Region Saargemünd

Nordelsass

Flanieren und Genießen in der Markthalle von Haguenau.

Vorwort

Warum in die Ferne schweifen, wenn das Gute so nahe liegt? Keine allzu neue Erkenntnis, keine Frage. Aber gerade wer in der Grenzregion zum Elsass und Lothringen lebt - ob im Saarland, der Pfalz oder Baden - wie oft fährt man denn tatsächlich zum Nachbarn, um dort Neues zu entdecken (außer hier und da mal zum Einkaufen oder zum Essen gehen).

Dieses Büchlein soll sie dazu ermuntern, kleine Entdeckungen zu unternehmen, einen Tagesausflug oder einen Wochenendtrip in die herrlichen Nordvogesen. Wir haben es hier nicht mit einem klassischen Reiseführer zu tun, der ohnehin schon Bekanntes auflistet. Auch nicht um einen Wanderführer. Eher geht es um einen Blick hinter die Kulissen von Kunsthandwerkern, kulinarischen Ausnahmekönnern oder schlicht zu sehenswerten Destinationen - unter anderem beim Besuch bei einem der besten Chocolatiers Frankreichs, dem ersten Whisky-Brenner Lothringens oder einer Porzellan-Doktorin, die edler, in die Jahre gekommener Fayencerie ein zweites Leben einhaucht.

Die Protagonisten kommen selbst zu Wort und berichten über ihre Passionen. Der geneigte Leser respektive die Leserin kann die kleinen Abenteuer selbst erleben, denn jeder Geschichte ist eine Info angehängt. Und wer des Französischen nicht mächtig ist, muss sich nicht grämen, denn alle in diesem Büchlein vorgestellten Personen sprechen Elsässisch (im Süden die alemannische Mundart, im Norden die rheinfränkische Variante) respektive Lothringer Platt.

Die Nordvogesen, die kleine Schwester der Vogesen, mit seinen historischen Zentren der Glas- und Keramikherstellung sind allemal einen Besuch wert. Das Nordelsass (Département Bas-Rhin) und der Osten Lothringens (Département Moselle) in der Großregion Grand Ést zeigen sich hier von ihrer besten Seite. Wir lassen die Destinationen, die jeder kennt, der sich nur ein wenig mit der Region befasst, außen vor. Statt zur bekannten Zitadelle von Bitche oder dem sehenswerten, aber längst etablierten Lalique-Museum in Wingen-sur-Moder geht es zum besten Bäcker-Brüderpaar Frankreichs nach Rohrbach-lés-Bitche, zu einer Brezelfabrik bei Haguenau, deren Chefin erklärt, warum das Laugengebäck ganz bestimmt eine elsässische Erfindung ist, in ein geheimnisvolles blaues Dorf in Uttenhoffen oder zu einer mysteriösen Wendeltreppe in Fénétrange, ei-

Markt am schmucken Rathaus von Wissembourg.

ner architektonischen Sensation des 16. Jahrhunderts. Kurz: Kulinarisches, Historisches und Kurioses gehen in diesem Band Hand in Hand. Beim Naturpark Nordvogesen (UNESCO-Biosphärenreservat) handelt es sich um eine Region, die verkehrstechnisch von der A 4 bis Haguenau und weiter zur D 263 bis Wissembourg eingefasst wird. In den 46 Geschichten machen wir zudem einen Schlenker in den südlicheren Teil am Rande der Nordvogesen.

Ein wichtiger Bestandteil ist auch das „Krumme Elsass" oder auf Französisch „Alsace bossue". Wie ein Höcker ragt die touristisch noch eher unbekannte Region nach Lothringen hinein, wenn man auf die Landkarte blickt. Und wie hügelig es dort ausschaut (inklusiver herrlicher Ausblicke) weiß jeder, der es schon mal durchquert hat. Ganz abgesehen von den lukullischen Genüssen (siehe Kapitel „Deftiges aus dem Krummen Elsass") des Landstrichs, der in etwa bei La Petite Pierre beginnt.

Aber nun genug getextet. Viel Spaß beim Lesen, Kundschaften und Genießen, wünscht

Volker Knopf

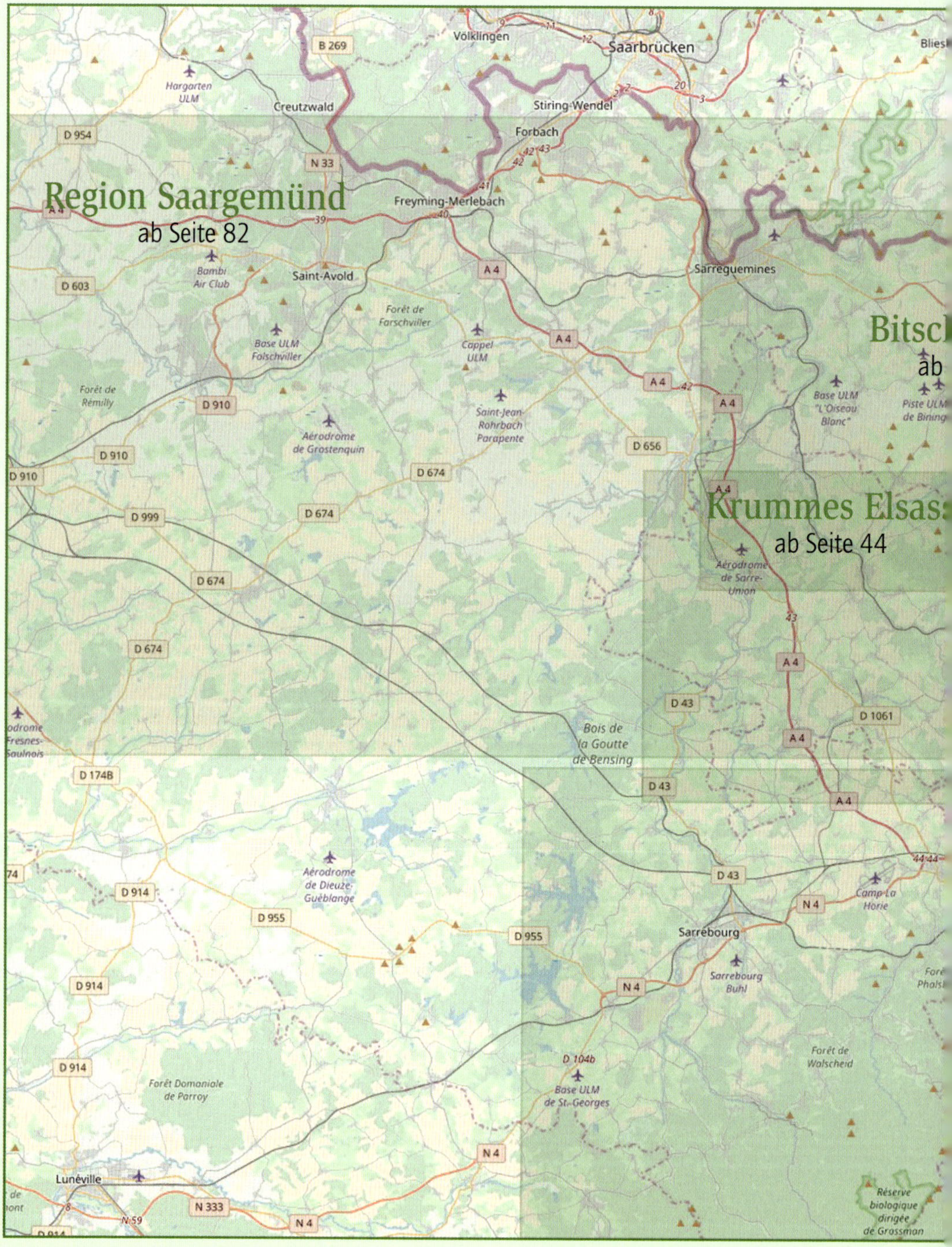

Region Saargemünd
ab Seite 82
Krummes Elsas
ab Seite 44
Völklingen
Saarbrücken
B 269
Hargarten ULM
Creutzwald
Stiring-Wendel
Forbach
D 954
N 33
Freyming-Merlebach
A 4
Bambi Air Club
Saint-Avold
D 603
Sarreguemines
Forêt de Farschviller
Cappel ULM
Base ULM Folschviller
Forêt de Rémilly
D 910
Saint-Jean-Rohrbach Parapente
Aérodrome de Grostenquin
D 656
Base ULM "L'Oiseau Blanc"
D 674
D 999
Aérodrome de Sarre-Union
D 43
D 1061
Bois de la Goutte de Bensing
D 174B
Aérodrome de Dieuze-Guéblange
D 914
D 955
Sarrebourg
Camp La Horie
Sarrebourg Buhl
N 4
Forêt de Walscheid
D 104b
Base ULM de St-Georges
Forêt Domaniale de Parroy
Lunéville
N 333
N 59
Réserve biologique dirigée de Grossman

Gesamtübersicht

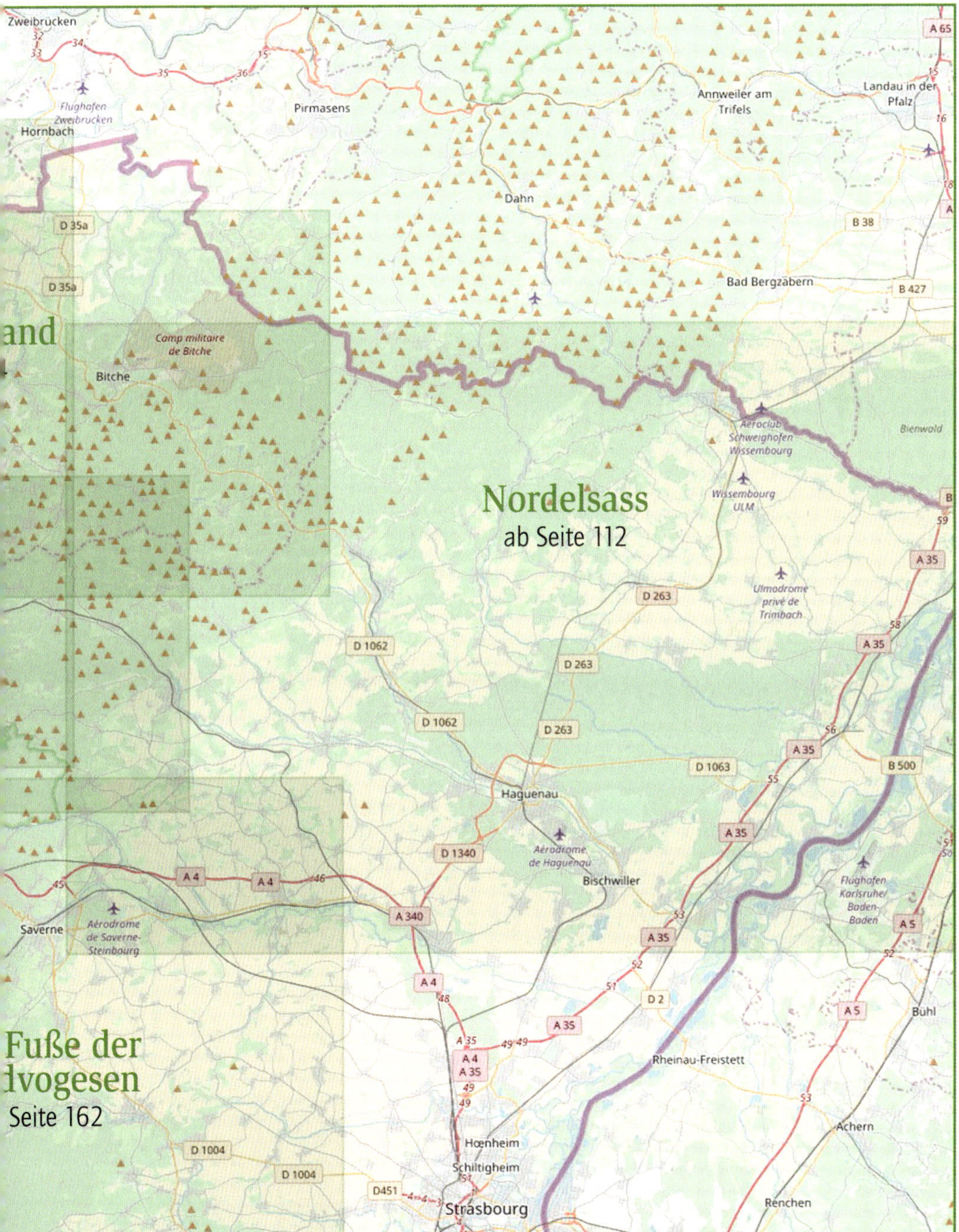

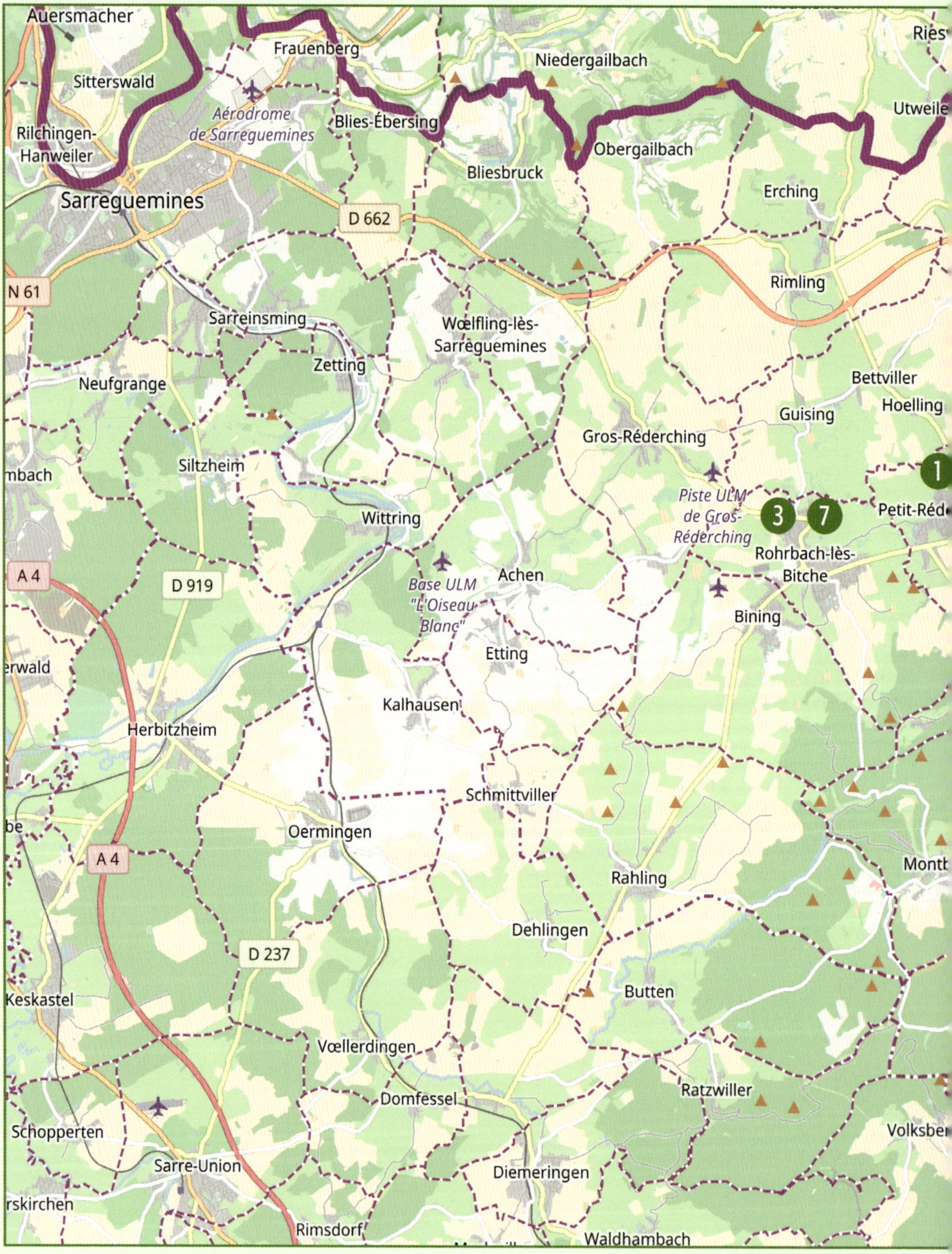
Auersmacher
Sitterswald
Rilchingen-Hanweiler
Sarreguemines
Frauenberg
Aérodrome de Sarreguemines
Blies-Ébersing
Niedergailbach
Obergailbach
Bliesbruck
Erching
Utweile
D 662
N 61
Rimling
Sarreinsming
Wœlfling-lès-Sarreguemines
Zetting
Neufgrange
Bettviller
Hoelling
Guising
Gros-Réderching
Siltzheim
Piste ULM de Gros-Réderching
3
7
1
Wittring
Rohrbach-lès-Bitche
Achen
Base ULM "L'Oiseau Blanc"
A 4
D 919
Bining
Etting
Kalhausen
Herbitzheim
Schmittviller
Oermingen
A 4
Rahling
Dehlingen
D 237
Keskastel
Butten
Vœllerdingen
Ratzwiller
Domfessel
Schopperten
Sarre-Union
Diemeringen
Rimsdorf
Waldhambach

Bitscher Land

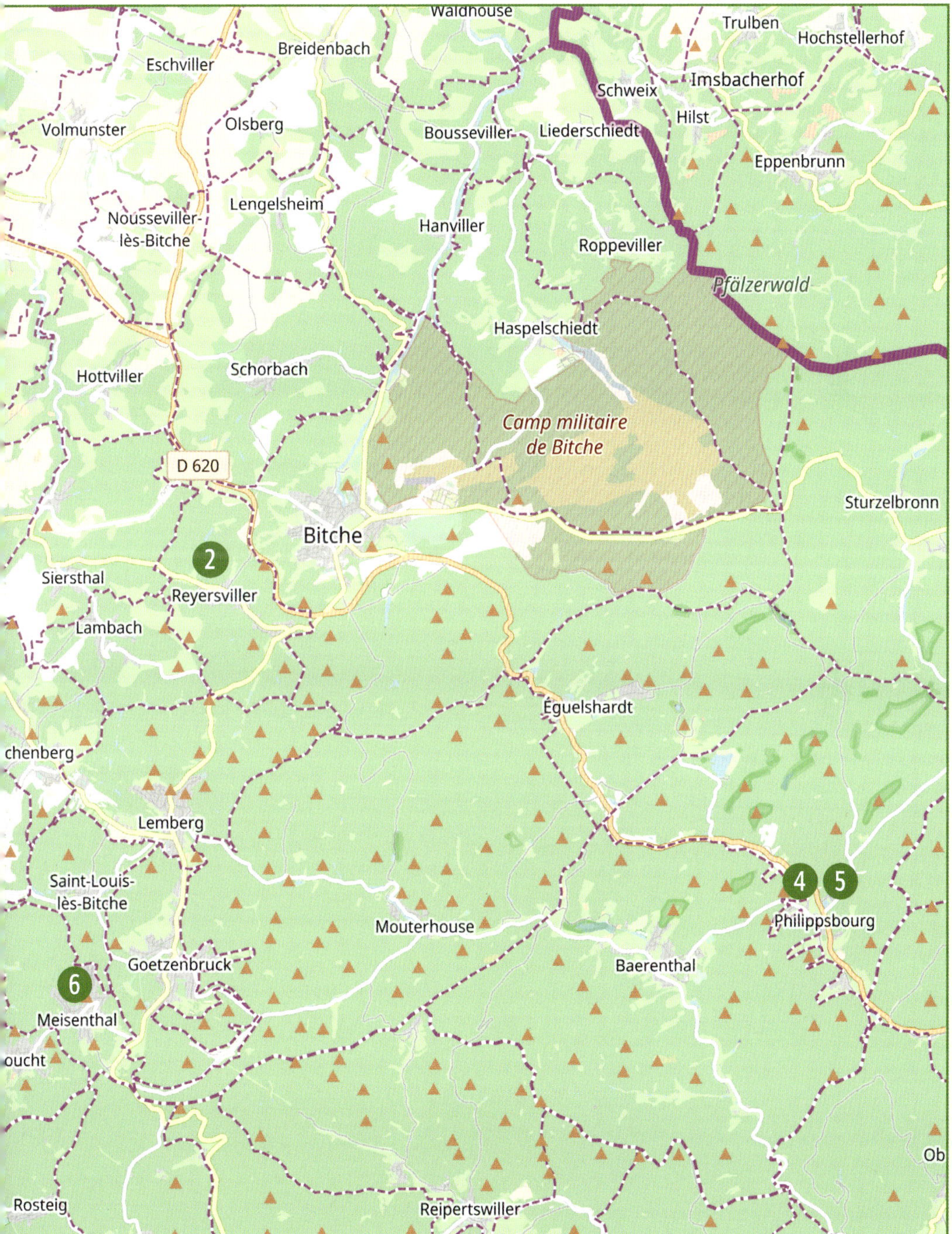

Rund 200 Büffel grasen im Département Moselle auf dem Hof von Robin Chall.

Indianer-Büffel im pays de bitche

- *Bisons grasen friedlich in der Hügellandschaft Ost-Lothringens*
- *Auf der Farm kann man auch übernachten*

Fast scheint man sich in einen alten Wildwest-Film zurückversetzt, wenn man die Farm von Robin Chall betritt. Hier, mitten in der Idylle des Bitscher Landes, hat der junge Landwirt rund 200 Bisons angesiedelt. Die Herde zählt zu den drei größten in ganz Frankreich. Während man heutzutage schottische Highland-Rinder oder Wasserbüffel aus Südostasien in vielen Ecken Frankreichs oder Deutschlands sieht, wo sie zur Landschaftspflege eingesetzt werden, um einer Verbuschung der Landschaft entgegenzuwirken, versprühen die Wildrinder, die man aus Nordamerika kennt, noch einen echten Hauch von Exotik.

„Mich haben diese Tiere schon von klein auf fasziniert. Ihre Wildheit, ihre Ausstrahlung, ihre imposante Größe. Das ist nach wie vor sehr beeindruckend", sagt der 29-Jährige. Seine Familie betreibt bereits seit 1876 Landwirtschaft in Petit-Réderching, das zwischen Bitche und Sarreguemines liegt. Auch Kühe hat die Familie nach wie vor. Die Bisons, die auf einer Fläche von rund 100 Hektar auf den sanften Hügeln in Lothringen grasen, waren die Geschäftsidee des Juniors, die er mit Verve vorantrieb. Und mit Erfolg. Rund 70 Kälber werden hier pro Jahr geboren. Die Tiere fühlen sich offensichtlich wohl auf den Weiden Lothringens. Viele der Rinder stammen ursprünglich aus Zuchtbetrieben in Skandinavien, vornehmlich aus Schweden und Dänemark. Seit 2007 grasen die mächtigen Büffel bereits auf dem Hof von Robin Chall in Petit-Réderching. *„Sie haben hier beste Voraussetzungen. Das Klima ist perfekt für sie und das Weideland ist ebenfalls sehr gut. Gras, Moos und Heu sind ihre Hauptmahlzeiten. Sie sind wesentlich kälteresistenter als herkömmliche Rinder und können bis zu minus 40 Grad aushalten, auch wenn das hier bei uns in der Region natürlich nicht von Relevanz ist"*, erläutert der Farmer aus Ostfrankreich.

Das Fleisch der Tiere, die bis zu 30 Jahre alt werden können, wird lokal im eigenen Hofladen vermarktet. Die Bison-Farm im Bitscher Land ist längst zu einem kleinen Touristen-Magnet geworden. Besucher kommen neben Frankreich auch aus Bel-

Die Ranch des bisons befindet sich etwas außerhalb von Petit-Réderching. Die Farm ist sehr gut ausgeschildert (Rue Judenhoff folgen). 2 Ferme du Grand Niedeck. Man kann im Hofladen Bisonfleisch kaufen und zudem die Büffel beobachten.
Öffnungszeiten: täglich 8 - 17 Uhr
Ferner ist es möglich auf der Farm in Blockhütten übernachten.
✆ 00 33 / 6 72 79 50 16
www.ranchdesbisons.com

Es besteht die Möglichkeit, in Blockhütten und im Sommer in Tipis zu übernachten.

gien, Luxemburg und Deutschland. Vor Ort können sie Terrinen, Rillettes, Wurst, Steaks, Roastbeaf, Schinken oder Filet vom Bison erwerben. Geschlachtet wird entweder in Betrieben in Zweibrücken oder in Metz. Rund 20 Rinder werden pro Jahr verarbeitet. *„Die Qualität des Bisonfleischs ist ganz besonders. Es ist sehr zart und hat wenig Fett. Es beinhaltet viel Eisen und wenig Cholesterin"* erläutert der Jung-Unternehmer die Vorzüge der Rinderrasse, die einst die Nahrungsgrundlage der indigenen Völker Nordamerikas bildete. Entsprechend ist auch der Preis des hochwertigen Rindfleischs – quasi Bio-Fleisch vom lokalen Erzeuger – im oberen Segment, angesiedelt. Aber vor allem laden die archaisch anmutenden Hornträger dazu ein, bei ihrem Anblick ein wenig die Seele baumeln zu lassen. Wenn man die friedlich grasende Herde in der grünen Landschaft des Bitscher Landes so betrachtet, hat das schon fast etwas Meditatives. *„Sie strahlen eine Ruhe aus und haben doch zugleich diese mächtige Dominanz. Das ist schon sehr speziell"*, so der

Züchter, dessen Hof (ferme du grand Nie-deck) etwas außerhalb des Dorfes liegt.

Terrinen, Steak oder Schinken vom Bison kann man im Hofladen erwerben.

Neben der Zucht und der Fleischproduktion ist eben auch der Tourismus mit den sanften Riesen mittlerweile ein wichtiger Faktor für den Betrieb geworden. So werden Führungen und Safaris angeboten, bei denen man viel über die Lebensweise der Indianer-Büffel, wie sie einst genannt wurden, erfährt. Ende des 19. Jahrhunderts war der Paarhufer, der die Prärien Nordamerikas einst dominierte, so gut wie ausgestorben. Es gibt auf dem Hof zudem Ferienhäuser, richtige Blockhütten. Sie sind so ausgerichtet, dass man ins Tal der Bisons blickt und die Herden in ihrem sozialen Verhalten beobachten kann. Wer es etwas ursprünglicher möchte, der darf auch im Indianer-Tipi übernachten oder Camping im Freien machen. Einmal im Jahr, immer Anfang Juli. gibt es zudem das „Tatanka-Festival", ein Wildwest-Festival mit Rodeo und Country-Musik auf der Büffel-Ranch. Dass die Tiere ihre Wildheit auch in den Weiten der französischen Provinz nicht verloren haben, weiß Robin Chall nur all zu gut. „Es haben schon einige Büffel versucht, den Zaun zu überspringen. Der ist gut 1,80 Meter hoch. Wenn man das beobachtet, erkennt man die enorme Kraft dieser Tiere. Sie können trotz ihres großen Gewichts sehr schnell laufen und erreichen fast 50 Stundenkilometer. Auch wenn der Sprung am Ende glücklicherweise nicht geglückt ist."

Mehr als 600 Kilogramm werden die Wiederkäuer schwer. Die Männchen weisen eine Körperlänge von bis zu 3,60 Meter auf. Bevor sich der Jung-Bauer vor 2007 konkret mit der Ansiedlung beschäftigt hat, hat er zunächst ein sechsmonatiges Praktikum bei einem Zuchtbetrieb in Belgien gemacht, um sich mit der Rasse näher vertraut zu machen. *„Sie behalten ihre natürlichen Instinkte und ihre Wildheit. Die Tiere sind sehr individuell. Entscheidend ist, dass sie sich in ihrem Reservat wohlfühlen und so wenig Stress wie möglich haben"*, erklärt der 29-Jährige, der sich gemeinsam mit seiner Lebensgefährtin um die Tiere kümmert. Im Übrigen: Mit den Kühen der ferme, die auf der gegenüberliegenden Weide grasen, vertragen sich die Büffel ganz hervorragend. Wildrind und Hausrind strafen sich gegenseitig schlicht mit völliger Missachtung.

Religiöse Motive sind ein wichtiges Arbeitsfeld der Glasmanufaktur in Reyersviller.

Ein lothringisches Handwerk

- *Glasmacher arbeiten für Kathedralen und Museen europaweit*
- *In der Tradition von Émile Gallé*

Die Glasverarbeitung hat in Lothringen bekanntlich eine lange Tradition. Man denke nur an die Glashütten von Meisenthal oder Goetzenbruck. Nur einen Steinwurf davon entfernt hat die „Vitrerie Siebering" ihren Sitz. In Reyersviller im Bitscher Land gehen die Glaskunsthandwerker ihrem Metier nach - und das auf höchstem Niveau. Gegründet wurde das Familienunternehmen von Denis Siebering, verantwortlich für den künstlerischen Aspekt der Glasmanufaktur ist heute sein Sohn Arnaud. Der darf in seiner Profession bereits in jungen Jahren auf höchste Weihen verweisen. Der 35-Jährige gewann vor einigen Jahren den ersten Preis im landesweiten französischen Wettbewerbs „Metiers d' Art" in der Glasmalerei. Der Kunstglaser absolvierte seine Ausbildung in Paris und arbeitete anschließend in verschiedenen Werkstätten in England und Frankreich. *„Dieses Handwerk ist einfach meine Leidenschaft. Es geht um das Spiel mit Licht und Farben, letztlich um Transparenz und natürlich um die alte Tradition des Handwerks. Mich hat das seit jeher fasziniert. Glasmalerei geht, wenn sie gut gemacht ist, eine harmonische Symbiose mit der Architektur eines Raumes ein - ob in historischen oder modernen Räumlichkeiten"*, erläutert der junge Mann aus den Nordvogesen.

Vor allem für Kirchen und historische Gebäude sind die Glasmacher tätig, aber nicht ausschließlich - auch für private Bauherren sind die Lothringer aktiv. Die Referenzliste der „Vitrerie Siebering" liest sich beeindruckend. Sie kreierten unter anderem Glasfenster für den Glockenturm der Kirche Saint-Rémi in Forbach, Buntglasfenster für die protestantische Kirche von Schweighouse-sur-Moder oder Vitrinen des Kristallmuseums von Saint-Louis-lès-Bitche in der Region. Es geht aber auch noch eine Spur renommierter und internationaler. Die Kathedrale von Chartres, die Centre Pompidou Dependance in Metz oder die Kathedrale im englischen Canterbury besitzen Glasfenster der Experten aus Ostfrankreich. Eine Statue des Romanautors Antoine de Saint-Exupéry, das den Flughafen von Strasbourg-Entzheim ziert, geht ebenfalls auf die Arbeit von Vater und Sohn Siebering zurück. Bemerkenswert ist auch die Kooperation mit dem Sterne-Koch Marc Haeberlin in Strasbourg. Vor einigen Jahren eröffnete der Küchenchef das Restaurant „Les Haras" unweit des Hospital-Areals im Viertel La Petite France. Die gastronomische Einrichtung befindet sich auf dem Areal des ehemaligen nationalen französischen Reitinstituts. Arnaud Siebering war dort für die Glasfassade zuständig, nahm das vorhandene Erbe auf

Vitrerie Siebering 16b rue principale Reyersviller,
einige Kilometer westlich von Bitche.
Öffnungszeiten: werktags 8 - 12 Uhr und 13 - 17 Uhr
www.vitreriedart.fr

Firmengründer Denis Siebering restauriert eine alte Zimmertür mit klassischen bäuerlichen Motiven.

Arnaud Siebering (hier mit seiner Mutter) ist ein echter Könner. Der 35-Jährige wurde zum besten Kunstglaser Frankreichs gekürt.

und schuf eine äußerst dekorative Fassade mit Pferd und Reiter. *„Das war eine sehr interessante Arbeit. Gerade das Spiel von Licht und Schatten war eine Herausforderung"*, betont der Glasmeister.

Glasmacher-Meister Arnaud Siebering mit seiner preisgekrönten Abschlussarbeit.

Ganz offensichtlich stolz ist Firmengründer Denis Siebering auf seinen Sohn. *„Keine Frage, er hat mich, was den kunsthandwerklichen Aspekt angeht, schon längst überholt"*, merkt er an, während er auf die Arbeiten verweist, die ihm besondere Freude bereiten. Gerade hat er eine alte Zimmertür mit für die Region typischen bäuerlichen Szenen restauriert. Warum gerade Lothringen so bedeutend für die Glasmacherkunst war, darauf hat der Senior-Chef eine einleuchtende Antwort. *„Wir haben hier alle wichtigen Ressourcen vor Ort. Die Wälder, Wasser, Holz und Sand. Alles, was für das Handwerk benötigt wird, ist in Hülle und Fülle vorhanden."*

Die „Vitrerie" ist spezialisiert auf Verglasung, Spiegelherstellung, Formgebung von Flachglas sowie Glasmalerei und deren Restaurierung. *„Wir arbeiten mit mundgeblasenem Antikglas oder Buntglas und schleifen von Hand. Wir schneiden und bemalen das Glas selbst. Es ist immer wieder eine Freude, wenn man sieht, wie es sich anschließend in einem historischen Gebäude einfügt"*, sagt der Junior-Chef. Ob heraldische Wappen, religiöse Motive, moderne Fassaden oder die Restaurierung einer Glastür – eine Klientel, die ihr Heim mit kunsthandwerklich verarbeitetem Glas veredeln lässt, hat die Manufaktur neben Frankreich auch in Belgien oder Luxemburg. Etliche Hotels in Ostfrankreich nutzen das Know-how der Glaser aus Reyersviller. Auch für Friedhöfe der Region werden Grabsteine aus Glas angefertigt. *„Letztlich greifen wir auf das handwerkliche Wissen zurück, das Lothringen ausmacht."* Was Émile Gallé in der Glasherstellung, im Sektor des Kunsthandwerks generell sowie in der Ausformulierung des Jugendstils bewirkt hat, ist außerordentlich. Es ist ein kulturelles Erbe aus dem 19. Jahrhundert, auf dem wir aufbauen und dabei selbstverständlich auch moderne Technologien nutzen, resümiert der Firmengründer, dessen Manufaktur mit dem Label „Entreprise du patrimoine vivant" zertifiziert ist.

In der Boulangerie in Rohrbach-lès-Bitche sind zweifellos echte Backprofis am Werk.

Joel und Vater Gérard Schwalbach mit dem Meister-Baguette in der Backstube.

Nationales Heiligtum Baguette

Lothringer Brüderpaar kreiert das beste Weißbrot der Grande Nation

Es ist ein traditionsreicher Wettbewerb, der prix de meilleur ouvrier de france. Seit Anfang der 1920er Jahre werden die besten Handwerker Frankreichs verschiedener Gewerke ausgezeichnet. Einen ganz besonderen Stellenwert bei der Grande Nation hat naturgemäß der Beruf des Bäckers. Denn ohne Baguette zum Frühstück geht beim gallischen Nachbarn so gut wie nichts. Eine kleine Sensation ist vor einiger Zeit Joel und Jerome Schwalbach aus Rohrbach-lès-Bitche gelungen. Die beiden sind das erste Brüderpaar, das es jemals in einer Disziplin – in diesem Fall dem Brot backen – ganz oben auf den Thron geschafft hat. Entscheidend für die Jury waren Qualität, Geschmack, Krume, Kruste, Gewicht und Aussehen. Das Kneten, das Aufgehen des Teigs, die Formung und die Einschnitte des Weißbrots wurden zudem akribisch begutachtet. Und am Ende hob die Jury den Daumen. In Rouen in der Normandie erhielten die beiden Lothringer den Titel 2015 und dürfen seither für sich in Anspruch nehmen, das beste Baguette Frankreichs herzustellen. *„Wir sind beide mächtig stolz auf den Titel. Aber es war auch harte Arbeit und ein langer Weg. Rund eineinhalb Jahre haben wir jedes Wochenende zusammengearbeitet, haben Rezepte verfeinert, neue Techniken und Formen entwickelt"*, sagt Joel, mit 29 Jahren der Jüngere der beiden Boulangers.

Stolz ist auch Vater Gérard auf seine beiden Söhne. Er gründete vor 25 Jahren die Bäckerei unweit von Bitche und infizierte seinen Nachwuchs mit dem Hefe-und-Teig-Gen. Zuvor arbeitete er etliche Jahre in einer Bäckerei im Saarland. Seit Kurzem ist er in Pension und weiß sein handwerkliches Erbe in besten Händen. Neben dem Geschäft in Rohrbach-lès-Bitche („P'tit Jean") betreiben die Schwalbachs die Bäckerei „La mine de pain" in Forbach. Nachdem das Duo damals als Sieger feststand, wurde es anschließend in den Élysée-Palast zur Preisverleihung eingeladen. In Paris wurden sie mit den weiteren Könnern der jeweiligen Metiers ausgezeichnet – ihre Familien begleiteten sie in die Hauptstadt. Die Laudatio hielt der damalige Präsident François Hollande. *„Das war eine große Ehre für uns, ein großes Ereignis"*, sagt Joel Schwalbach. Der TV-Sender TF1 berichtete über das Brüderpaar ebenso wie nationale Zeitungstitel oder das regionale Blatt L` Est Républicain.

Natürlich stellt sich die Frage, was letztlich das Geheimnis eines echten Sie-

i

Boulangerie P'tit Jean, 47 rue Pasteur,
Rohrbach-lès-Bitche, direkt an der Hauptstraße,
übliche Ladenöffnungszeiten.
00 33 / 3 87 09 70 07
https://de-de.facebook.com/bptitjean/

ger-Baguettes ist? Vater Gérard erläutert: *„Man darf nicht zu viel Hefe nehmen und muss sich viel Zeit für das Procedere nehmen. Denn wenn man zu viel Hefe nimmt, hebt sich der Teig zwar schneller, aber dafür geht Geschmack verloren. Man muss einfach ein Gefühl für den Teig entwickeln. Und natürlich ist auch viel Passion zum Handwerk im Spiel – ohne das geht es nicht."* Im Übrigen wurden Jerome und Joel Schwalbach nicht nur für ihre Baguettes ausgezeichnet, sondern auch für ihre Croissants, Pains au chocolats oder Éclairs. *„Am liebsten mögen die Kunden aber unseren Käsekuchen, das ist eine unserer Spezialitäten in der Patisserie-Abteilung"*, weiß der Grandseigneur. Aber das Hauptgeschäft macht nach wie vor das „Meister-Baguette", das bei rund 240 Grad für 20 Minuten im Ofen gebacken wird.

Mehr als 2 000 Stück gehen in Rohrbach täglich über die Ladentheke, in Forbach sind es rund 1 500. 48 Mitarbeiter im Service und der Produktion sind in beiden Betrieben tätig. Zwei Baguette-Sorten werden dort jeweils offeriert. Einmal das klassische Weiß-

Senior-Chef Gérard Schwalbach mit einem Lehrling bei der Produktion des Stangenbrots.

brot Natur sowie eine rustikale Version des Stangenbrots, die ausschließlich aus Hefe, Salz und Mehl besteht. Auch ein Biobrot gibt es bei den Schwalbachs. Die Kunden kommen seit dem öffentlichkeitswirksamen Titel nun auch von weiter her, um Baguettes oder Croissants zu erstehen. Von Bitche bis Saargemünd pilgern sie mittlerweile nach Rohrbach. Ob er nicht auch die große Vielfalt des Backhandwerks bei seinen Nachbarn unweit der Grenze zu schätzen weiß? *„Natürlich. Ob Dinkel- oder Roggenbrot, Deutschland hat eine große Tradition im Brotbacken. Aber bei uns ist es nun mal so: Frankreich und Baguette – das gehört einfach zusammen. Das ist untrennbar miteinander verbunden"*, sagt der Senior-Chef schmunzelnd. Es ist im Übrigen nicht so, dass seinen Söhnen Meistertitel in ihrem Handwerk fremd wären. In der Region Moselle und auf Bezirksebene waren sie bereits siegreich und holten diverse vordere Plätze. Aber die ganz große nationale Ebene, das war Neuland für die beiden jungen Männer aus Lothringen. Und so prangt an der Häuserfront der Boulangerie „P'tit Jean" in Rohrbach-lès-Bitche stolz ein Wandgemälde mit Verweis auf den französischen Titel.

Joel Schwalbach bereitet akribisch den Teig vor.

Wandmalerei an der Bäckerei mit Verweis auf den nationalen Titel.

Überall im Verkaufsraums des Ateliers sieht man Holzschuhe, die einst zum Alltag gehörten.

Der letzte Holzschuhmacher

Handwerker hält alte Tradition in der Grenzregion Elsass/Lothringen am Leben

Früher gehörten sie zum Alltag der Menschen – in Frankreich und anderswo. Die Rede ist vom Holzschuh. Heutzutage tragen nur noch wenige die Artefakte aus einem bäuerlichen Leben, die längst aus dem Alltag verschwunden sind. Einer, der sich auf die Kunst des Holzschuhmachens jedoch nach wie vor versteht, ist Manuel Petrazoller aus dem lothringischen Philippsbourg direkt an der (nicht vorhandenen) Grenze zum Elsass. *„Ich bin der Einzige in der Region, der solche Schuhe noch professionell herstellt. In ganz Frankreich gibt es vielleicht noch sechs oder sieben weitere"*, weiß der 51-Jährige. Spätestens in den 1950er- und 1960er Jahren sei die Saboterie, wie die Holzschuhherstellung auf Französisch heißt, aus der Mode gekommen. In der Region war einst großer Bedarf für das klobige Schuhwerk. Denn hier gab es die Glashütten von Meisenthal, Goetzenbruck oder St.Louis-les-Bitche. Die Arbeiter benötigten für die industrielle Produktion sicheres Schuhwerk. Bis in die 1930er Jahre war die Herstellung reines Handwerk, ehe Maschinen diese Funktion übernahmen.

„Alle Arbeiter haben Holzschuhe getragen. Die Glasbläser ebenso wie die Bauern bei der Arbeit auf dem Feld. Die Schuhe sind schwer. Man sackt nicht ein und hat einen guten Halt und natürlich schützen sie, falls etwas Schweres drauf fällt", sagt der Handwerker, während er durch sein Atelier am Ortausgang des Dorfes nahe Niederbronn-les-Bains schreitet. Alte Maschinen tun hier nach wie vor ihr Werk. *„Diese hier ist von 1915"*, sagt Petrazoller und spannt ein Paar Schuhe in die Vorrichtung ein. Zunächst greift er noch zum Hobel und schleift den Schuh. Vornehmlich Erle und Pappel nutzt er, weil dies leichtes Holz und sehr flexibel sei. Der Franzose schlägt es selbst im nahen Forst. Er habe schon als kleiner Bub gerne Holz geschnitzt. *„Mir hat das immer gefallen. Man kann Sachen formen und jeder Baum ist verschieden. Holz lebt und schafft. Ich mag das Haptische. Jeder Stamm ist einzigartig."* Gelernt hat der Elsässer, der aus Mertzwiller bei Haguenau stammt, sein Metier bei einem alten Meister im nahen Dörfchen Soucht. Passenderweise beim Schwiegervater, dessen Erbe er seitdem weiterführt.

Soucht galt lange als Hochburg der Holzschuhmacher im Elsass und Lothringen.

i

Saboterie Petrazoller, 4 route de Bitche, in Philippsbourg, direkt an der Hauptstraße zwischen Bitche und Philippsbourg
Öffnungszeiten: werktags 9 - 12 und 14 - 18 Uhr
www.facebook.com/Saboterie-Petrazoller

Holzschuhmacher Manuel Petrazoller spannt die Schuhe in eine Maschine aus dem Jahr 1915.

Holzspielzeug gehört ebenfalls zum Repertoire des 51-Jährigen.

„Früher hat es dort 70, 80 Schuhmacher gegeben. Mein Schwiegervater stellte die siebte Generation in dieser Profession dar. Die Leute tragen die Holzschuhe heutzutage nur noch bei der Gartenarbeit, zu folkloristischen Anlässen oder nutzen sie als Deko-Stücke. Dabei sind sie sehr gesund. Mehr Bio geht eigentlich gar nicht", sagt der Familienvater, dem man bei der Arbeit über die Schulter schauen kann, wenn er mit der Säge hantiert, den Stamm aushöhlt, schabt und drechselt. Rund zwei Stunden benötigt er, bis ein neuer Schuh das Licht der Welt erblickt. Für Trachtenträger werden sie noch mit traditionellen Motiven bemalt oder der Name des Besitzers eingebrannt. In seinem Atelier kann man die Schuhe in allerlei Formen und Verwendungszwecken erwerben. Als normaler Holzschuh oder als Form für Salzstreuer und Pfeffer, Schlüsselanhänger und etliches mehr.

Auch Deko-Stücke als Form für Salzstreuer werden in der Saboterie hergestellt.

An den Wochenenden ist der Elsässer oft auf Märkten im Osten Frankreichs und in Belgien unterwegs, um seine Objekte feilzubieten. Zu den Schuhen hat er längst viele weitere Deko-Artikel aus Holz entworfen. Kleine Schwerter für Nachwuchs-Ritter, Küchenbrettchen, Holzspielzeug wie Mini-Eisenbahnen, Vogelhäuschen, kleine Möbel und Weinfässer. Selbst ein Mini-Motorrad aus einem Baumstamm findet man im Verkaufsraum seiner Werkstatt. Zu den Feiertagen kreiert er Sonderanfertigungen. An Ostern beispielsweise produziert er Hasen aus Holz und ganze Eiernester. Der Handwerker muss sich immer etwas Neues einfallen lassen, um sein Geschäft mit den kreativ gestalteten Objekten aus den Ressourcen der Region am Leben zu halten.

Die Töpferin in ihrem Atelier an der Route de Bitche.

Freigeist an der Töpferscheibe

Lothringerin hat sich der Raku-Keramik verschrieben

Soufflenheim und Betschdorf gelten als die Töpfer-Dörfer im Elsass. Aber nicht weit davon entfernt - auch in Lothringen wird fleißig Ton gebrannt. Beispielsweise in Philippsbourg im östlichen Zipfel des Départements Moselle sitzt Viviane Laufer an der Töpferscheibe. Allerdings: Mit traditionellen Motiven wie dem im Nordelsass obligatorischen Storch, Szenen aus dem bäuerlichen Leben oder floralen Mustern hat Viviane Laufer eher weniger am Hut. Die Frau aus Philippsbourg ist eher eine Art Freigeist an der Töpferscheibe. *„Ich lasse mich von allem möglichen inspirieren. Von der Natur, von Gesprächen, von Farben. Man muss ja nur mit offenen Augen durch die Welt gehen, dann entdeckt man so vieles. Jedes Mal, wenn ich an der Drehscheibe sitze, ist das wie ein Neuanfang. Wenn der Ton hochgeht und etwas entsteht, das ist Magie pur"*, sagt die eloquente Französin, die vor ihrer Zeit als Keramik-Arbeiterin die Welt erkundete und in der Schweiz oder England in der Gastronomie-Branche arbeitete.

Seit mehr als 20 Jahren betreibt sie nun bereits ihre „La Petite Poterie du Herisson" („Kleine Töpferei des Igels") in einem Häuschen aus dem Jahr 1896 vor den Toren Philippsbourgs. Schüsseln, Geschirr, Vasen, Kerzenständer, Krüge, Teeschalen, Kaffeetassen, kleine Figuren wie Engel und allerlei weitere Gebrauchsgegenstände für Haus und Herd kreiert die findige Töpferin. In der Regel wird der Ton nach der Verarbeitung neun Stunden bei 1250 Grad gebrannt, danach die Glasur aufgetragen. Die Töpferin hat im Schuppen diverse Öfen, am liebsten entzündet sie jedoch das Feuer im sogenannten Tonnenbrand im Freien. *„Das nennt man archaisches Brennverfahren. Der Brennprozess ist einfach anders, das Ergebnis authentischer. Das Feuer hinterlässt ganz andere Spuren als beim herkömmlichen Brand im Ofen. Ich mag das sehr."* Experimenten ist die Künstlerin ohnehin sehr aufgeschlossen. Gerade in Asien sei der offene Brand bei der Herstellung der sogenannten Raku-Keramik weit verbreitet. Dabei wird das Gefäß - entgegen dem herkömmlichen Verfahren Keramik zu brennen (langsames Abkühlen im geschlossenen Ofen) - wegen der starken Rauchentwicklung meist im Freien gebrannt. Bei dem Niedrigbrand werden die rot glühenden Gefäße

i

La Petite Poterie du Herisson 35,
route de Bitche Philippsbourg, direkt an der Hauptverbindungsstraße (D662) von Bitche nach Philippsbourg.
☏ 00 33 / 3 87 06 55 06
Die Künstlerin spricht Deutsch.
Atelier und Verkaufsladen haben von Anfang März bis Ende Dezember täglich 13.30 - 18 Uhr geöffnet.

Viviane Laufer bearbeitet Glasperlen mit dem Bunsenbrenner.

In der „La Petite Poterie du Herisson“ darf der Namensgeber Igel natürlich nicht fehlen.

einzeln mit einer langen Zange bei Temperaturen um 1 000 Grad dem Ofen entnommen und in einem Behälter mit organischem Brennstoff (Laub, Stroh, Sägemehl, Heu) luftdicht eingebettet. Raku-Keramik ist oft relativ dickwandig, damit sie beim Wechsel vom Ofen zum Behälter nicht zu viel Hitze verliert. Der entstehende Rauch, der Sauerstoffentzug sowie die im Laub enthaltenen Mineralien wirken auf den Tonscherben und die Glasurfarbe ein. Blatt- oder Sägemehlabdrücke verewigen sich dabei oft in der noch weichen Glasur. Die chemische Zusammensetzung verändert sich zudem teilweise. Kupferoxid (grün) wird zu Kupfer (rot). Zudem: Kohlenstoff dringt durch Haarrisse und lagert sich im Ton ein, was oft bizarre Muster hinterlässt.

Formschöne und individuell gestaltete Utensilien im Ladengeschäft.

Der Brennverlauf lässt sich beim Raku nur bedingt steuern, so dass jedes Stück ein echtes Unikat ist. Auch mit Glas arbeitet sie gerne. So entstehen am Bunsenbrenner Perlen für Ketten oder Accessoires, die sie ebenfalls in ihrem kleinen Ateiler an der Hauptstraße von Bitche nach Philippsbourg feilbietet. *„Ich liebe es, mit Ton oder Glas zu arbeiten. Außerdem schaffe ich gerne mit den Händen etwas. Jeder Prozess ist aufs Neue spannend. Ganz abgesehen von dem meditativen Aspekt. Beim Brennen könnte ich stundenlang in die Flammen schauen und dabei gestalterisch tätig sein"*, sagt die Kreative aus Ost-Lothringen. Der Renner bei ihren Utensilien ist eine kleine Serie von schottischen Hochlandrindern in Tonform. Die sieht man im Übrigen nur einige Kilometer entfernt im Wasgau grasen. Dort holte sich die Künstlerin auch die Inspiration für ihre putzige Highlander-Kollektion. Und natürlich darf auch eine kleine Kollektion von Igeln, immerhin die Namensgeber ihrer Manufaktur, nicht fehlen.

Was für eine Pracht: Weihnachtskugeln in allerlei Formen und Farben.

Die Legende von der Christbaumkugel

- *In Meisenthal entstehen die letzten mundgeblasenen Weihnachtskugeln*
- *Glasbläsern kann man bei der Arbeit über die Schulter schauen*

Wer hätte gedacht, dass die Christbaumkugeln, die dem Tannenbaum erst seinen heimeligen Schimmer verleihten, aus den Nordvogesen stammten. Seit 1858 werden in der Manufaktur von Meisenthal mundgeblasene Weihnachtskugeln hergestellt. Wie so oft liegt dem eine Legende zugrunde. Lucien Fleck, Gründer des Glasmuseums Meisenthal, das direkt neben der Manufaktur liegt, kennt die Historie nur zu gut: Mitte des 19. Jahrhunderts hatte eine furchtbare Trockenheit dafür gesorgt, dass das Obst (der ursprüngliche Schmuck für den Weihnachtsbaum) in den Nordvogesen knapp wurde. Da kamen die Lothringer Glasbläser der Glashütte auf eine schlaue Idee. Sie begannen Weihnachtskugeln aus hochwertigem Glas zu produzieren. *„Und voilà, die Weihnachtskugel aus Meisenthal war geboren. Die Dürre hatte in diesem Fall eine positive Seite"*, erklärt Fleck.

Meisenthal wurde in Frankreich zum Synonym für edlen Weihnachtsbaumschmuck aus Kristall und Glas, der nicht nur Kinderherzen höherschlagen lässt. Seit etlichen Jahren erlebt die mundgeblasene, so schillernd leuchtende Weihnachtskugel aus der lothringisch-elsässischen Grenzregion eine Renaissance. Jann Gruenenberger, Leiter des Zentrums für Glasmacherkunst Meisenthal (CIAV) bestätigt dies: *„Lothringen und Elsass haben eine ganz alte industrielle Kultur. Man könnte auch sagen, hier sind die letzten Glasbläser am Werk, die handgefertigte Weihnachtskugeln herstellen. Das ist eine Geschichte, die offensichtlich die Herzen der Menschen erwärmt."*

Von einer Empore aus können die Besucher den Glasbläsern bei ihrer schweißtreibenden Tätigkeit zuschauen, nachdem sie zuvor über eine gusseiserne Fabrik-Treppe ins Herz der Manufaktur gelangt sind. Völlig ruhig, aber hoch konzentriert greift ein Rädchen ins nächste. Schnell der Kugel noch eine Krone auf-

i

CIAV 1 place Robert Schuman, Meisenthal (liegt zwischen Bitche und Wingen-sur-Moder). Die Glasbläser-Vorführungen können (von Ostersonntag bis einen Tag vor Weihnachten) jeden Nachmittag (außer Dienstag) 14 - 18 Uhr besucht werden. Hier findet auch ein Verkauf statt. Daneben befindet sich das Glas- und Kristallmuseum.
www.ciav-meisenthal.fr

Hochkonzentriert: die Glasbläser in Meisenthal bei der Arbeit.

Schillernd: die berühmten Christbaumkugeln lassen nicht nur Kinderherzen höherschlagen.

gesetzt, schon kommt bereits das nächste funkelnde Oval aus dem Ofen. Anmutig schimmert das tiefrote Kunstwerk in warmen Farben und wird wohl bald einer Tanne einen festlichen Anstrich verleihen. Unterdessen wird schon der nächste Stab erhitzt. Die der ständigen Hitze ausgesetzten Glasbläser bringt nichts so schnell aus der Ruhe. In der Manufaktur kann man bezaubernde Christbaumkugeln in allerlei Formen und Farben erwerben.

Gerade kurz vor Weihnachten wird es voll auf der Empore, während unten die Glasbläser mit voller Konzentration ihrem glutheißen Metier nachgehen. Zur Adventszeit lieben die Besucher die ganz eigene Werkstatt-Atmosphäre und natürlich vor allem den schillernd-schönen Weihnachtsschmuck aus manueller Arbeit. Mundgeblasene Weihnachtskugeln in allerlei Formen (unter anderem als Tannenzapfen, Glocke, Apfel, Krone oder klassisch rund) gehen dann reichlich über den Ladentisch. Zu Ostern wiederholt sich das Schauspiel, dann naturgemäß mit hochwertiger Glasdekoration rund um „Meister Lampe“.

In der Werkstatt der Glasbläser wird die Handwerkskunst der Region hochgehalten.

Richard Schneider bei der Arbeit: Fingerfertigkeit, Konzentration und Kraft sind beim Flechten gefragt.

Aus Liebe zum Korbgeflecht

- *Richard Schneider kreiert klassische Körbe, Sitzmöbel und Brotkörbe*
- *Oder: Balkongeländer für Häuser in Paris und Gondeln für Heißluftballons*

Richard Schneider ist zweifellos ein Meister seines Fachs. Der 49-Jährige ist Korbflechter und einer, der akribisch seinem althergebrachten Handwerk nachgeht. Obendrein ist der Lothringer einer der Letzten seiner Zunft. *„Im Département Moselle bin ich der Einzige, der das noch professionell betreibt. In ganz Frankreich gibt es wohl etwa noch eine Handvoll von uns, die von ihrem Metier leben"*, verrät er.

Der Mann aus dem Bitscher Land kreiert allerlei aus Weidenholz. Zunächst natürlich in erster Linie schön geflochtene Körbe in vielen verschiedenen Formen und Größen. Aber auch Korbauslagen und Brotkörbe für Bäckereien, Blumenbehältnisse, Traubenkörbe für die Weinlese, Anglerkörbe, Sitzmöbel, Gartenzäune, Truhen oder fantasievolle Tierwesen als Dekoration für den Garten. *„Mir kommt natürlich zugute, dass die Elsässer und Lothringer Blumen über alles lieben. Bei uns finden ja regelmäßig Wettbewerbe für das schönste Dorf statt – das zieht sich durchs ganze Land. Eine aufwendige Blumendekoration darf da selbstverständlich nicht fehlen und meine Behältnisse aus Weidengeflecht sind oft ein Teil davon, ebenso die Abgrenzungen für das Blumenbeet"*, erklärt der Handwerker, der die Mundart der Region, das rheinfränkische Lothringer Platt spricht.

Zudem bestellen viele Bäckereien ihre Auslagen für die Backwaren bei Richard Schneider. In seinem Lager stapeln sich dutzendweise Brotkörbe, damit die Boulangerie auch schnell und ohne Reibungsverlust ihre alten Körbe ersetzen kann, falls an den alten der Zahn der Zeit nagt. Doch das ist längst nicht alles. Schneider arbeitet mit ökologisch orientierten Architekten zusammen, die bewusst auf die Bio- und die optische Qualität des Weidenholzes in Kombination mit postmodernem Wohnbau setzen. Stolz zeigt er Fotos von einem Gebäude in Vitry-sur-Seine, einem südlichen Vorort von Paris, bei dem die Balkongeländer und die Trenn-

i

Das Atelier von „Aux Brins Tresses" befindet sich in der rue du Chemin Fer in Rohrbach-lès-Bitche unweit von Bitche und ist im Ort ausgeschildert (parallel der Hauptstraße).
✆ 00 33 / 3 87 09 87 03
www.auxbrinstresses.fr
Schneider spricht Deutsch. Er bietet auch ganztägige Flecht-Workshops an.

Bei diesem Haus in Vitry-sur-Seine bei Paris gestaltete der Korbflechter die kompletten Balkongeländer.

Körbe und Sitzmöbel, wohin man schaut – im Lager von Richard Schneider.

Der Rohstoff Weiden in seiner Werkstatt in der Nähe von Bitche.

wände aus seinem Weidengeflecht stammen und dem Haus einen speziellen natürlichen Charme verleihen. Weitere Aufträge für Fassaden und Terrassenwände von Häusern in Brüssel oder Rotterdam sind im Gespräch. Auch einen Korb für einen Heißluft-Ballon, den man auch Gondel nennt, hat der findige Lothringer schon gestaltet. *„Das war schon spannend, als die Gondel nach getaner Arbeit beim berühmten Ballon-Festival ‚Mondial Air Ballons' in Chambley bei Metz in die Luft ging. Ich denke, man muss immer innovativ bleiben und neue Aufgaben angehen."*

Er arbeitet besonders gerne mit dunklem Kastanienholz, das er aus Belgien und von der Loire bezieht. Die Weiden müssen die ganze Nacht über gewässert werden, damit sie flexibel und gut in Form gebracht werden können. Danach ist Fingerfertigkeit, jahrelange Routine und natürlich ein Plan gefragt, damit das Endprodukt so wird, wie es der gelernte Korbflechter haben will. *„Die Arbeit hat fast schon etwas Meditatives. Die Finger wissen genau, was sie zu tun haben. Ich arbeite immer in Serien. Es ist natürlich auch Kraft gefragt, aber in erster Linie ist es Konzentration und Technik, auf die es ankommt."* Trotz etlicher bizarrer Flechtwesen, die man in seiner geräumigen Werkstatt erblickt, als Künstler sieht sich der 49-Jährige keineswegs. *„Ich bin Handwerker durch und durch. Letztlich bin ich Dienstleister in enger Abstimmung mit dem Auftraggeber. Gerade bei der Gestaltung von Wohnhäusern arbeite ich eng mit den Architekten zusammen. Aber Kreativität kann natürlich generell auch nicht schaden"*, gibt er zu Protokoll.

Vor allem die Haptik und die Lebendigkeit seines Naturmaterials schätzt er sehr. In seinem Lager in dem alten Holzhaus stapeln sich seine Utensilien reihenweise. Am liebsten würde man mit einem seiner Picknick-Körbe, etwas Käse und einem guten Wein sofort eine Landpartie ins Auge fassen. Aber vor allem zeugen seine Flechtwerke von der emsigen Arbeit des Handwerkers aus Rohrbach-lès-Bitche. *„Das Flechten ist einfach meine Leidenschaft. Es ist ein Produkt, das ökologisch und nachhaltig ist. Der Rohstoff ist rustikal und fügt sich sehr harmonisch in die Landschaft ein. Ich hoffe, dass die Nachfrage für so ein schönes Material nicht so schnell nachlässt"*, ist Schneider, der auch Flecht-Workshops für Privatleute anbietet, überzeugt. Zu wünschen wäre es dem Inhaber der „Vannerie Aux Brins Tressés" in jedem Fall.

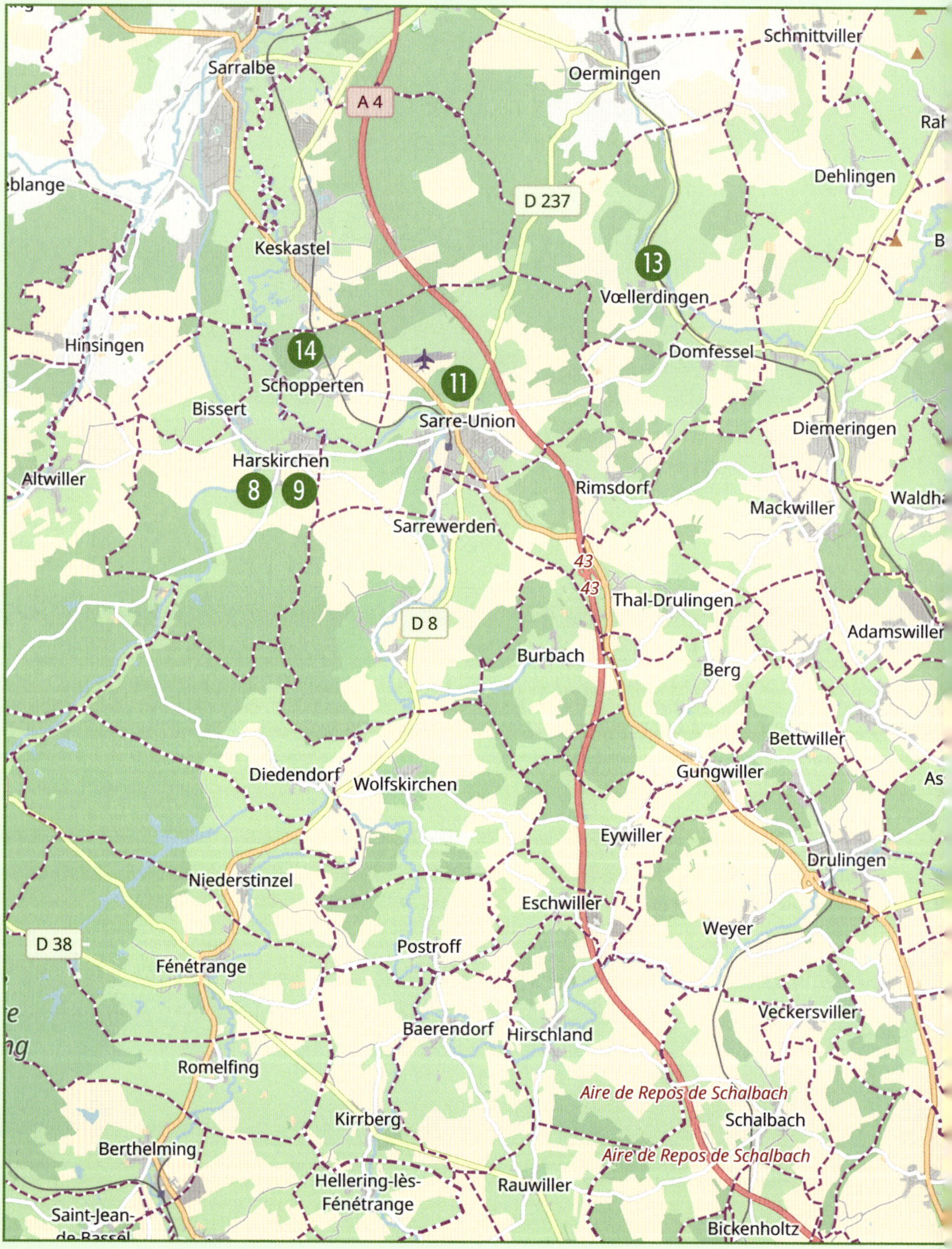
Schmittviller
Sarralbe
Oermingen
A 4
Dehlingen
D 237
Keskastel
13
Vœllerdingen
Hinsingen
14
Domfessel
Schopperten
11
Bissert
Sarre-Union
Diemeringen
Harskirchen
Altwiller
8
9
Rimsdorf
Mackwiller
Sarrewerden
43
43
Thal-Drulingen
D 8
Adamswiller
Burbach
Berg
Bettwiller
Gungwiller
Diedendorf
Wolfskirchen
Eywiller
Drulingen
Niederstinzel
Eschwiller
Weyer
D 38
Postroff
Fénétrange
Veckersviller
Baerendorf
Hirschland
Romelfing
Aire de Repos de Schalbach
Schalbach
Kirrberg
Berthelming
Aire de Repos de Schalbach
Hellering-lès-Fénétrange
Rauwiller
Saint-Jean-
Bickenholtz

Krummes Elsass

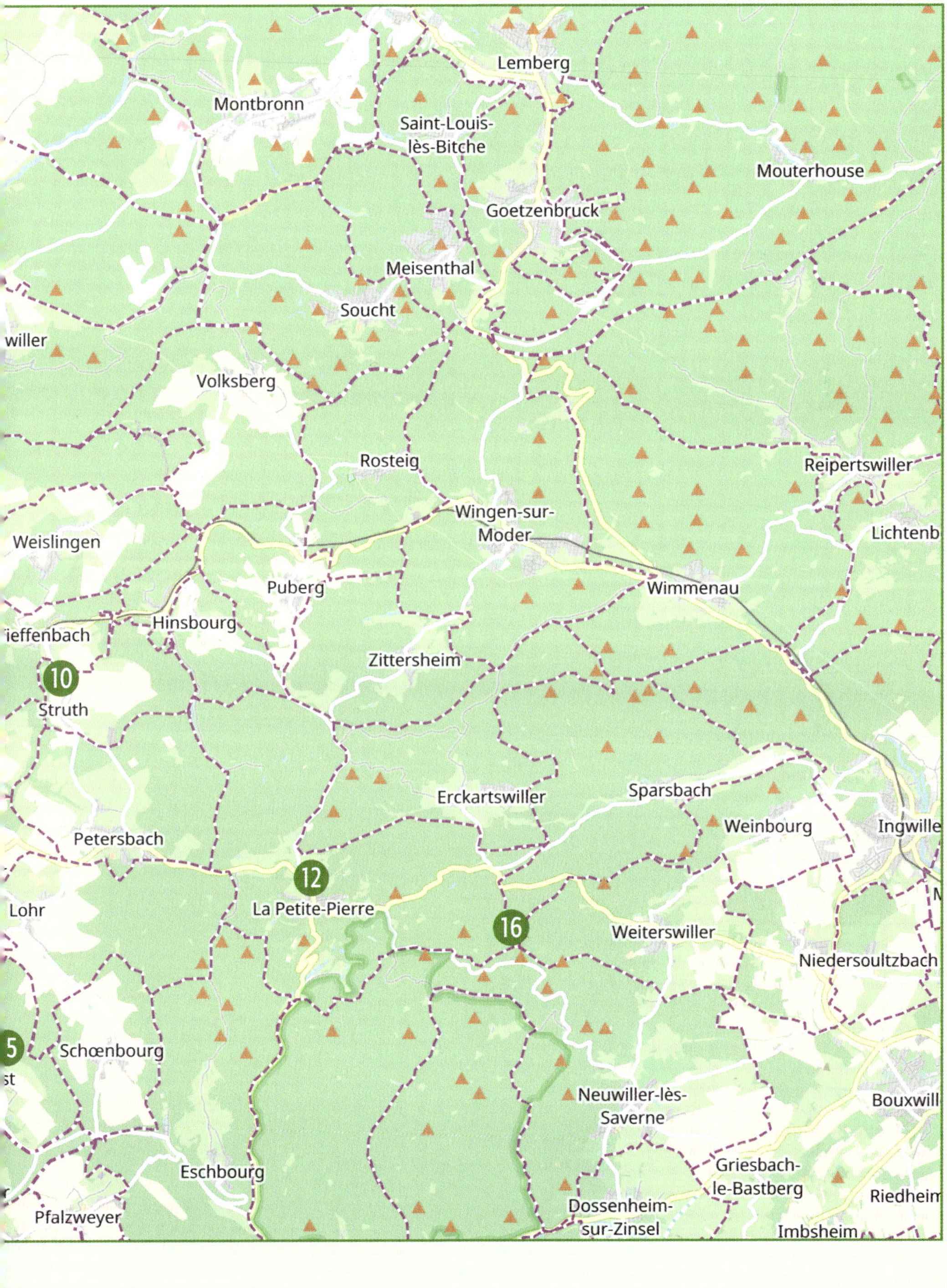

Die Rahmen der Mühle in der Nähe von Sarre-Union sorgen für das Sieben des Korns.

Vieux Moulin an der Saar

- *Im „Krummen Elsass" tut die letzte Kornmühle ihren Dienst*
- *Flammkuchen direkt vom Müllermeister*

Früher gab es viele Kornmühlen an der Saar. Doch das ist längst Geschichte. Es gibt zwar auch heute noch Schaumühlen zu musealen Zwecken. Die letzte Mühle im regulären Betrieb, die einst wie heute mittels Wasserkraft betrieben wird, befindet sich in Harskirchen südlich von Saargemünd. Hier im „Krummen Elsass" pflegt Roger Roeser die Tradition des Müller-Berufs und ernährt damit seine Familie. Bereits seit 1713 existiert die alte Mühle am Flusslauf. 1920 kaufte sie der Urgroßvater von Roger Roeser. *„Wir haben in unserer Familie eine lange Tradition als Müller. Sie reicht bis ins Jahr 1801 zurück"*, sagt der 62-Jährige, der die Mühle 1975 übernahm. Sein Großvater habe ihm damals alles Nötige beigebracht. Roeser deutet auf die Mahlwerke, die bereits seit 1921 ihren Dienst tun. *„Mein Urgroßvater hatte damals die Mühlsteine durch dieses Mahlwerk ersetzt. Das war zu seiner Zeit hochmodern. Und was soll ich sagen? Es ist auch heute noch voll funktionsfähig"*, so der Elsässer über das mechanische Meisterwerk. Gleichzeitig hatte der Großvater die gesamte Mühle modernisiert und um zwei Stockwerke erhöht.

Roeser kann sich noch gut daran erinnern, als die Bauern schwere Säcke mit Weizen anschleppten, damit daraus Mehl gemahlen wird. *„Oft mussten wir sie auch selbst abholen. Das ging ganz schön auf den Rücken. Heutzutage ist das Gott sei Dank nicht mehr so. Die Bauern transportieren das Getreide heute mit LKW und verladen es direkt in die Silos. Trotzdem bleibt das natürlich eine harte Arbeit"*, sagt der drahtige, muskulöse Mann. Mittels eines Paternosteraufzugs wird das Getreide hoch zur Siebmaschine befördert. Insgesamt viermal läuft es durch die Mahlwerke, ehe es fein genug ist. Der Betrieb produziert die Mehlsorten 45, 55 und 65. Die Kleie, das Abfallprodukt, das als Rückstand nach dem Sieben des Mehls übrig bleibt, wird als Futtermittel genutzt. *„Die feinste Sorte, die wir produzieren, ist die 45. In Deutschland ist das gleichbedeutend mit dem Typ 405. Das eignet sich gut für Plätzchen, Biscuits, Kuchen und Ähnliches. Die 55 ist dagegen fürs Brotbacken geeignet"*, erklärt der 62-Jährige.

Rund die Hälfte seines Mehls verkauft er an Privatkunden. Auch Restaurants in der Umgebung, Supermärkte, Bäcke-

Moulin de Willer/Auberge Roeser,
5 rue du Meunir, Harskirchen, westlich von Sarre-Union.
✆ 00 33/3 88 00 90 45
Der Betreiber spricht Deutsch.
Die Auberge hat ausschließlich am Wochenende auf, Voranmeldung nötig.

Die Mühle in Harskirchen im Krummen Elsass ist seit 1920 im Familienbesitz.

Roger Roeser, der letzte Müller der Saar, hat eine Tradition in dem Handwerksberuf, die bis auf das Jahr 1801 zurückgeht.

reien und Konditoreien zählen zum Kundenkreis. In der Regel produziert er 170 bis 250 Tonnen pro Jahr. *„Früher konnten zwei Großfamilien von dem Betrieb leben. Das ist heute nicht mehr so. Aber für eine Familie geht es noch halbwegs"*, sagt der Mann aus dem „Krummen Elsass". Glücklicherweise hat der Mühlenbetreiber noch einen zweiten Job, der mit seinem Broterwerb im direkten Zusammenhang steht.

Mehl des Typs 55 – bestens zum Brotbacken geeignet oder für Flammkuchenteig.

Seit rund 20 Jahren betreibt er eine Gaststätte vis-à-vis der Mühle, die sich auf Flammkuchen spezialisiert hat. Und natürlich setzt er auf die Qualität seines Mehls. Das im rustikal-elsässischen Stil eingerichtete Restaurant ist über das Jahr an Wochenenden oft mehrere Wochen im Voraus ausgebucht. *„Unsere Gäste kommen sogar von Metz oder Nancy – und das, obwohl sie in ihrer Region genügend Gelegenheit hätten, Flammkuchen zu essen"*, sagt der Nebenerwerbs-Gastronom nicht ohne Stolz. Er führt dies auf sein feines Mehl und den guten Speck, den er von einem prämierten Metzger im nahen Mackwiller bezieht. *„Wichtig ist auch, dass unser Steinofen mit Buchenholz beheizt und der Teig von Hand geknetet wird. Der Flammkuchen ist nur etwa 50 Sekunden bei 180 Grad im Ofen. Voilà, das war`s"*, fügt der Nebenerwerbs-Gastronom aus der Nähe von Sarre-Union zufrieden hinzu. Immer wieder kommen Besucher vorbei, oft Hausboot-Touristen, die auf der Saar unterwegs sind, um seine „Moulin" zu inspizieren oder in der Auberge zu speisen. Dann parliert der Hausherr kenntnisreich auf Elsässer-Deutsch oder Französisch über die Geschichte der letzten Kornmühle an der Saar und die lange Tradition seines alten Handwerks.

Fernweh: E-Velo-Ritter und Hausboot-Kapitäne an einem herrlichen Sommertag.

E-Biken im Krummen Elsass

- *Eine Tour entlang des Saar-Kohle-Kanals*
- *Vorbei an alten Schleuserwärter-Häuschen*
- *Urlaubsgefühle am Wasserweg*

Es ist ein wunderschöner Flecken Erde – der pittoreske Jachthafen von Harskirchen mit seinen bunten Booten und seinem Campingplatz de l'Etang. Hier im Krummen Elsass westlich von Sarre-Union kann man herrlich die Seele baumeln lassen. Oder: Man leiht sich ein E-Velo. Dies ist direkt am Camping-Platz möglich. Betreiberin Edith Claus (die Deutsch spricht) hat insgesamt vier Elektro-Fahrräder zur Verfügung, die für einen halben, ganzen oder mehrere Tage gegen eine Gebühr verliehen werden. Zuerst muss man eine Kaution hinterlegen, es gibt eine kurze Einweisung sowie eine Proberunde, und schon geht es mit Schwung los (mit praktischen Damenrädern zum bequemen Aufsteigen).

Gleich wenn man aus dem Camping-Gelände links nach Süden abfährt, ist man auf der Strecke entlang des Saar-Kohle-Kanals. Herrlich! Keine Straßen, sondern rund 35 Kilometer reiner Fahrradweg, direkt am tiefen Blau des Kanals, der gesäumt ist von alten Wärterhäuschen, Schleusen und viel Grün. Schon nach wenigen Kilometern ist rechts der Strecke ein netter Picknick-Platz mit Bänken. Aber wir wollen weiter. Dank des E-Antriebs fliegen wir geradezu durch die Landschaft, unterhalten uns zwischendurch mit Schweizer Hausboot-Fahrern, die routiniert eine Schleuse nach der anderen passieren, und fahren, fahren, fahren. Zum ersten Mal im E-Modus. Im Schnitt so ungefähr 20 Stundenkilometer. Wenn man beschleunigt, kann man auch durchaus an den 30 Stundenkilometern kratzen. Aber darum geht es nicht, einfach hinaus und weg. Besonders erfreulich ist der Knopf, mit dem man, wenn man einen kleinen Hügel bei den immer wiederkehrenden Schleusen erklimmt, zusätzlichen Schub erhält. Wir wollen fast gar nicht mehr absteigen, die Sonne knallt, der Fahrtwind kühlt und andere Radler sind fast kaum zu sehen.

Zu Beginn der Tour steht linker Hand ein schönes Backsteingebäude. Es ist die Gaststätte „L`Ecluse 16" in Altwiller", die im Krummen Elsass bekannt ist und gehobene Gastronomie anbietet. Die äußerst idyllisch am Saar-Kanal gelegene Gaststätte gilt als beliebter Treffpunkt für Freunde

Camping de l'etang, rue du canal
Harskirchen (westlich von Sarre-Union).
✆ 00 33 / 3 88 00 93 65
www.camping-harskirchen-alsace.fr
Die E-Velos kann man für einen halben Tag (13 Euro) oder einen ganzen Tag (20 Euro) vorab oder vor Ort reservieren (Kaution fällig).

der Spezialitäten der Region. Wer es etwas legerer möchte, der kann einige Kilometer weiter rechter Hand im Dörfchen Mittersheim, das man nach rund 13 Kilometern passiert, in einem Café mit Camping-Flair Rast machen. In Mittersheim fahren wir durch das Hafenareal und eine mäandernde Seenlandschaft. Auch hier gibt es einen Camping-Platz am See mit dem schönen Namen „Lac vert" (Grüner See). Baden kann man hier natürlich auch. Je nachdem wie lange man Kondition hat (es gilt auch an die Rückfahrt zu denken), besteht die Möglichkeit, einige Kilometer östlich der Route in Fénétrange Halt zu machen. Vom Hafen Harskirchen ist das historische Städtchen rund 15 Kilometer entfernt - mit dem E-Bike ein Katzensprung. Hier wartet mit der Wendeltreppe von Fénétrange eine echte architektonische Sensation der Renaissance (siehe eigenes Kapitel).

Sehr nett ist auch ein Besuch im Tierpark Rhodes, der einige Kilometer westlich der Radroute (nach etwa 25 Kilometern vom Ausgangspunkt Harskirchen) liegt, am Rande des Seengebiets Etang de la Blanche Chaussée. Hier tummelt sich Bären, Luchse, Hirsche oder Murmeltiere auf einem bemerkenswerten Areal. Der Besucher hat nicht das Gefühl, in einem Zoo zu sein, da sich die Barrieren in die Landschaft einfügen. Immer wieder gibt es Holzhütten als Beobachtungsstationen. Der Tierpark in Lothringen versprüht eher den Charme eines Wildlife-Parks mit dem Fokus auf europäischer Fauna (man kann hier auch in einer Holzhütte im Park übernachten - siehe Bericht im Buch). Es besteht auch die Möglichkeit, entlang der gesamten südlichen Kanalroute bis hinter Diane-Capelle zu radeln, die im See Petit Etang endet (nach rund 35 Kilometern).

Hübsch restaurierte ehemalige Wärterhäuschen gibt es etliche entlang der Velo-Route des Kanals.

Nach einem Picknick geht es jedoch die Strecke wieder retour zum Camping-Platz am Hafen. Der pittoreske Hafen wurde mitsamt der Wasserstraße zwischen 1861 und 1866 errichtet. Wie der Name Saar-Kohle-Kanal es schon anklingen lässt, wurde hier die Kohle des lothringischen Kohleabbaus verschifft. Bis um den Ersten Weltkrieg war der Hafen von großer Bedeutung für das Krumme Elsass. Wo übernachten nach der sportlichen, aber dank des E-Antriebs entspannten Tour? (wer mehr Bewegung mag, kann die Tour selbstredend auch mit einem herkömmlichen Rad machen, allerdings ist dann der Radius naturgemäß für gelegentliche Radler nicht ganz so groß). Der Campingplatz, an dem man die E-Bikes entliehen hat, bietet sich an. Es besteht die Möglichkeit zu zelten, einen Campingwagen zu platzieren oder in einem Chalet direkt am kleinen Anglersee zu übernachten. Die gesamte Anlage atmet etwas den Charme der 1970er Jahre und ist ein Paradies für Angler, Pferde grasen am Ufer.

Hausboote kann man hier natürlich auch mieten. Camping-Urlauber aus der Schweiz, den Niederlanden, Frankreich und auch aus Deutschland zieht es hierher. Am Campingplatz gibt es kleine Faltblätter mit Radtour-Angeboten (auf Deutsch), welche diverse Touren mit den Weggabelungen genau skizzieren. Sie heißen „Zwischen Kanal und versteckten Landschaften", „Erkundung der Nassauer Grafschaften", oder schlicht „Entlang der Saar". In jedem Falle: Viel „urlaubiger" und erholsamer kann ein Kurztrip hier zwischen „Krummem Elsass" und Lothringen kaum sein. Und über die Tour nördlich des Kanals haben wir noch gar nicht gesprochen...

Blick vom Schleuser-Hügel über die Landschaft des „Alsace Bossue".

Zwischen 10 und 45 Tonnen werden pro Jahr geerntet. Besonders beliebt ist der Tannenhonig von Laurent Lehr.

Hoch prämierter Honig aus den Nordvogesen

- *Familienbetrieb erhält regelmäßig Auszeichnungen in Paris*
- *Betreuung von 1000 Bienenvölkern*
- *Echtes Naturprodukt aus dem Biosphärenreservat*

Keine Frage, bei „Ruchers des Vosges du Nord" sind Imker mit Passion am Werk. Laurent Lehr betreut in Struth im „Krummen Elsass" insgesamt 600 Bienenvölker, sein Sohn Laurent 400 Völker. Dass die Bienen-Experten äußerst akribisch zu Werke gehen, zeigen die vielen Auszeichnungen, die sie Jahr für Jahr erhalten. Regelmäßig werden die Elsässer in Paris vom französischen Agrarministerium mit einer Goldmedaille für ihren Honig gewürdigt. Ihr Akazien-, Tannen-, Kastanien- oder Lavendelhonig genügt höchsten Ansprüchen. Zertifiziert sind sie zudem mit den Labels „Savourez l' Alsace – Produit du Terroir" und „Indication géographique protégée". *„Es macht einfach Freude, so ein natürliches Produkt mit Hilfe der emsigen Bienen herzustellen. Man muss die Völker gut pflegen und viel Geduld mitbringen, aber dafür bekommt man auch einen hervorragenden Honig"*, betont Laurent Lehr. Immerhin gehen mehr als ein Drittel aller hergestellten Nahrungsmittel auf die Bestäubungsleistung der Bienen zurück, die zudem dafür sorgen, dass die Pflanzen erblühen und wachsen.

Zwischen zehn und 45 Tonnen erntet der Familienbetrieb mit seinen Mitarbeitern pro Jahr. Vieles hängt vom Wetter ab. Ein verregneter Sommer oder ein Kälteeinbruch kann die Ernte schnell verhageln und die Völker schädigen. Die intakte Natur der Nordvogesen sieht der Imker als optimale Basis für seine Tätigkeit. *„Wir haben hier einen sehr guten Bienenstandort mit einer blühenden Vielfalt. Das ist ein kleines Paradies inmitten des Biosphärenreservats. Hier in den Wäldern und Wiesen finden die Bienen den besten Nektar"*, weiß der 55-Jährige aus Erfahrung. Allerdings gebe es auch Probleme. Schließlich werden in der Landwirtschaft immer mehr Pestizide und synthetische Stoffe eingesetzt, welche die Populationen schädigen, was jedoch in der Waldregion um Struth eher nicht der Fall ist. Ein

Ruchers des Vosges du Nord, 12, rue des bergers, Struth (nordwestlich von La Petite Pierre). Öffnungszeiten im Hofladen: Fr. 13.30 - 17 Uhr und Sa. 8.30 - 12 Uhr.
Man kann auch individuelle Termine ausmachen.
✆ 00 33 / 3 88 01 52 42
www.ruchers-vosgesdunord.fr
In Struth findet im Advent zudem jährlich der kleinste Weihnachtsmarkt des Elsass statt.

Gattin Sylvie Lehr beim Schleudern der Wabenrähmchen des Familienbetriebs.

Auch Honigkuchen zählt zum Sortiment der Imker aus Struth.

großes Problem dagegen ist die Varroamilbe, welche die Hautflügler angreift und die mit Milch- oder Armeisensäure bekämpft wird. Jedes seiner Völker umfasst sage und schreibe rund 50 000 bis 60 000 Bienen, die in einem Umkreis von rund fünf Kilometern unterwegs sind. Deren Pflege ist die Grundlage für eine gute Qualität. Das heißt, regelmäßig schauen, dass Wabenrähmchen gewechselt, Milben mit Säure besprüht werden, im Winter die Fluglöcher frei sind oder die Königin eine entsprechende Raumgröße zur Verfügung hat. *„Es gibt immer etwas zu tun. Vor allem die Königinnenzucht ist hoch interessant. Pro Jahr züchten wir rund 800 Königinnen"*, berichtet der gelernte Förster, der ursprünglich aus der Region Strasbourg stammt, während er den Brutkasten für die Königinnen öffnet. Zum Überwintern erhalten die Völker ein temporäres Zuhause im elsässischen Rheinwald im Oberrheingraben, da dort die Temperaturen milder sind als in den Vogesen.

Wenn alles rund läuft, und das ist bei „Ruchers des Vosges du Nord" offensichtlich der Fall - erhält der Kunde ein natürliches Produkt auf Bio-Basis mit 180 Inhaltsstoffen, Mineralien, Vitamin B, Spurenelementen und etlichem mehr. Wie erstaunlich die Leistung der fleißigen Bienen ist, belegt der Fakt, dass sie für ein Kilogramm Honig rund 800 000 Blüten aufsuchen müssen. Bei jedem Flug wird lediglich ein Tropfen des Nektars aufgenommen. Geerntet wird bei den Lehrs jeweils von April bis September. Um bei der Arbeit die Populationen ein wenig zu beruhigen, kommt ab und zu der Smoker mit sanftem Rauch zum Einsatz. *„Sicher, ab und zu wird man auch mal gestochen, aber das ist eher selten der Fall"*, so der leidenschaftliche Imker. Letztlich wird das Produkt der Bienen, der Honigextrakt, nur geschleudert und gefiltert und dann in Gläser abgefüllt. Mehr Natur geht eigentlich kaum, Zusätze kommen keine hinzu. Während Raphael Lehr reinen Bio-Honig produziert, gibt es bei seinem Vater ausschließlich konventionellen Honig. Wo der Unterschied liegt? *„Das hängt unter anderem mit der Nahrung zusammen. Ob man den Bienen beispielsweise Zuckerlösung oder Bio-Zucker dazu gibt oder wie man die Milben bekämpft. Davon hängt die Zertifizierung mit dem Bio-Label beispielsweise letztlich ab"*, erklärt der Mann aus Struth.

Den Honig aus dem „Krummen Elsass" erhält man in Supermärkten der Region oder im hauseigenen Hofladen. Neben Honig in verschiedenen Varianten (am beliebtesten ist der prämierte Wald- und Tannenhonig) gibt es dort auch Kerzen, Bienenwachs zur Politur oder elsässischen Honigkuchen. Für 2019 denkt Laurent Lehr daran, eventuell einen eigenen Laden im nahen Tourismus-Städtchen La Petite Pierre einzurichten. Ob er selbst überhaupt noch Lust auf Honig hat, wenn er tagtäglich damit zu tun hat. *„Na klar, nicht mehr unbedingt aufs Brot, aber in den Kaffee und Joghurt gemischt, immer gerne"*, gesteht der Apiculteur aus den Nordvogesen mit zufriedener Miene.

Metzger Patrick Gangloff in seiner Boucherie in Sarre-Union.
Auch französische Minister zählten bereits zu seinen Gästen.

Deftiges aus dem „Krummen Elsass“

- *Landstrich hat eigene Spezialitäten*
- *G'fielldi Knepple oder Kirwetarte*
- *Metzger Gangloff ist ein prämierter Meister seines Fachs*

Baeckeoffe (Schwein, Rind und Lamm in Weißwein mit Kartoffeln geschmort), Flammkuchen, Kalbsnieren in Weißweinsauce, Königinpastete oder Zander mit Sauerkraut kennt fast jeder als typische elsässische Spezialitäten, der sich gerne beim französischen Nachbarn kulinarisch verwöhnen lässt. Weniger bekannt sind dagegen typische Gerichte aus dem „Krummen Elsass“. Das liegt unter anderem daran, dass der Landstrich im Nordwesten des Elsass insgesamt weniger bekannt ist. „Das geheimnisvolle Land“ nennt die lokale Tourismuszentrale daher konsequenterweise die Region, die, wenn man die Karte betrachtet, wie ein Höcker nach Lothringen ragt und von sanften Hügelketten gesäumt ist. Krumm und buckelig ist das „Krumme Elsass“, das bei La Petite Pierre beginnt und die beschaulichen Gemeinden Sarre-Union oder Lorentzen zu seinen Zentren zählt.

Und diese Region hat lukullische Spezialitäten, die naturgemäß wie die des übrigen Elsass eher deftig ausfallen, aber vornehmlich hier anzutreffen sind „G'fielldi Knepple“ beispielsweise. Dabei handelt es sich um eine Teigware mit Füllung aus Fleisch, Kartoffeln, Gemüse oder Spinat. Jedes Jahr Ende August gibt es das Kneppelfest in Waldhambach. Typisch für das „Krumme Elsass“ ist auch die „Kirwetarte“. Dies ist ein regionales Menü, das mit Rindfleischsuppe beginnt, gefolgt von Pastete mit Hühnerragout, dann Rindfleisch mit Kartoffeln und Gemüse und sehr süß mit pochierter Meringuemasse in Vanillesauce endet. Auch hier gibt es selbstredend ein Kirwefest in vielen Dörfern. Ferner zählen „Schneebälle“, gekochte Kartoffeln gefüllt mit Fleisch zu den bevorzugten Rezepten der Region, ebenso wie „Süri Bohne“, Bohnen, die wie Sauerkraut in Salz und etwas Zucker eingelegt werden. Sehr beliebt ist auch die „Grumbeerewurst“.

„Dieses Rezept hat vor über 80 Jahren ein Metzger bei uns in Diemeringen erfunden. Wir halten sein Rezept weiter in Ehren“, sagt Patrick Gangloff. Der 61-Jährige muss es wissen. Er ist so etwas wie der

Boucherie Patrick Gangloff,
57 rue de Phalsbourg, Sarre-Union,
übliche Ladenöffnungszeiten.
✆ 00 33 / 3 88 71 07 10
www.gangloff-traiteur.com
Dem Geschäft in Sarre-Union ist ein Restaurant angegliedert, weitere Filialen gibt es in Mackwiller und Diemeringen (nur Metzgerei). Gangloff spricht Deutsch.

Gangloffs Küchenchef Laurent Pfennig richtet die „G'fielldi Knepple“ an.

G'fielldi Knepple – ein klassisches Rezept aus dem „Krummen Elsass“.

Süri Bohne – eine Spezialität aus dem „Alsace bossue“.

Vorzeigemetzger der Region. Bereits in dritter Generation ist er in seiner Charcuterie und Boucherie tätig und hat schon etliche Titel für seine Fleisch- und Wurstwaren erhalten. Seine geräucherte Entenbrust erhielt den ersten Platz in Paris, seine Blutwurst die gleiche Platzierung in Belgien, seine Sülze einen Titel in Nordfrankreich und in schöner Regelmäßigkeit werden seine Knack (Wiener) in Strasbourg auf der Europamesse ausgezeichnet.

Am liebsten macht der Vollblut-Fleischer, der Metzgereien in Mackwiller, Diemeringen und Sarre-Union unterhält, jedoch die Spezialitäten aus seiner unmittelbaren Heimat. In Lorentzen im Herzen des „Alsace bossue" hat Gangloff eine frühere Mühle zu einem Kreativlabor umgewandelt. Dort kreiert seine Küchenbrigade die Spezialitäten Ost-Frankreichs und beliefert Veranstaltungen mit seinem Cateringservice. Selbst französische Minister zählten bereits zu den Gästen des Küchenmeisters, der das Spiel mit den Aromen liebt. Wie lautet sein Geheimnis des guten Geschmacks? Allzu viel möchte er naturgemäß nicht verraten. Nur so viel: *„Es kommt natürlich auf die richtige Würzung und die entsprechende Qualität des Produkts an. Die Würzmischung ist ein Geheimrezept unserer Familie, die immer weiter verfeinert und adaptiert wird. Schließlich ändert sich auch der Geschmack von Generation zu Generation etwas. Mein Großvater und mein Vater haben beispielsweise viel mehr gesalzen, als ich das heute tue. Natürlich gilt auch, keine chemischen Zusätze zu benutzen"*, plaudert der Meister, der sein Schweinefleisch von einer lokalen Erzeugergemeinschaft aus dem Elsass erhält, ein wenig aus dem Nähkästchen.

Schnell hat sein Küchenchef Laurent Pfennig „G'fielldi Knepple" gezaubert. *„Im Grunde hat jedes Dorf sein eigenes Rezept dafür. Es besteht in der Regel aus Nudelteig, Kartoffeln, Fleisch, Spinat und Petersilie. Wir machen es mit Brot, Püree, Schweinefleisch, geräuchertem Bauch, Eiern und Zwiebeln"*, erläutert Gangloff. Keine Frage, der Mann liebt sein Metier und ist permanent dabei, sein kleines Wurst- und Fleischimperium weiter auszubauen.

Vor einiger Zeit hat er seiner Metzgerei in Sarre-Union ein Restaurant hinzugefügt. Außerdem wirbt er mit einem Food-Truck für die kulinarischen Spezialitäten des „Krummen Elsass". Stolz präsentiert er einen Citroen-Transporter aus dem Jahr 1952, der aufwendig restauriert wurde. Kurz blickt Gangloff bei Elfriede Gaub, einer Verwandten von ihm vorbei. Sie holt ein Einweckglas aus dem Keller. *„Voilà, das sind Süri Bohne – ganz traditionell hergestellt. Bohnen mit Salz und Zucker eingelegt, wie man das schon seit jeher macht"*, sagt die Hausfrau lächelnd auf Elsässisch. Und schon sind wir mitten in der Verkostung der leckeren Spezialitäten, die der Nordwesten der Region zu bieten hat.

Motive diverser Handwerkszünfte: im zum Siegel-Museum gehörenden Springerle-Museum.

Faszinierende Dokumente der Historie

Museum in La Petite Pierre informiert über Siegel des Adels zur Zeit des Heiligen Römischen Reiches

Wer das Siegel-Museum in La Petite Pierre in den Nordvogesen betritt, der taucht tief in die Historie des Elsass, Frankreichs und des Heiligen Römischen Reichs deutscher Nation ein. Gegründet wurde das Kleinod 1987 von Charles Haudot, der als Heraldiker und Experte für Siegelkunde der Stadt Strasbourg tätig war. Haudot, der vor einigen Jahren verstarb, hat etliche Tausend Siegel des Elsass als Replika erstellt. Ob Siegel von Adelsgeschlechtern, dem Klerus oder Handwerkszünften - in allerlei Formen und Motiven stellen sich die Stempel des Mittelalters dar. Auch territoriale Karten, Wappen, Banner, Replika von Münzen, Urkunden und zahlreiche weitere Dokumente aus der Vergangenheit findet man in dem Museum im nördlichen Elsass. Längst sind Siegel weitgehend außer Gebrauch und durch die Unterschrift ersetzt. Doch durch Amtssiegel beim Notar sowie durch Beglaubigung von Urkunden hat die Prägung auch in der Gegenwart noch eine Bedeutung.

„Ein Siegel stand, wenn man so will, für den guten Namen des jeweiligen Adelsgeschlechts oder Herrscherhauses. Wir Menschen brauchen seit jeher Symbole, um uns in unserer Welt zurechtzufinden. Es ist einfach ein faszinierendes Dokument unserer Geschichte - auch unter kunsthandwerklichen Aspekten", merkt Michel Christoph, der zum Freundeskreis des „Museums des elsässischen Siegels" zählt, an. Der Mann mit dem Einstecktuch und dem Spitzbart hat schon von Hause aus ein profundes Interesse an Historie und Genealogien. Beruflich ist er nämlich als Erbenforscher für Notariate in Strasbourg tätig. *„Ich bin quasi eine Art historischer Detektiv, wenn es darum geht, Erben ausfindig zu machen"*, gesteht er lächelnd. Ihm zur Seite steht Germaine Rohrbach. Die Frau aus Saverne ist zwar bereits hoch betagt, informiert aber trotz ihrer stattlichen 90 Jahre immer noch regelmäßig die Besucher über die zahlreichen Exponate der im 17. Jahrhundert erbauten Militär-Kapelle. Die Elsässerin ist ein wandelndes Lexikon und parliert eloquent über die europäische Historie und ihre Signaturen. *„Es gibt doch nichts Interessanteres, als den Dingen auf den Grund*

Siegel-Museum: rue du Chateau, Chapelle Saint-Louis, La Petite Pierre.
✆ 0033/388704865
www.musee-sceau.com (auch auf Deutsch)
La Petite Pierre liegt nördlich von Saverne und ist vor allem für die Burg Lützelstein bekannt. Öffnungszeiten: 1. März bis 23. Dezember: Jeweils Sa., So., Feiertag: 10 - 12 und 14 - 17 Uhr. Januar und Februar geschlossen.

Das Siegel-Museum: eine Fundgrube für Heraldiker und Geschichts-interessierte.

Michel Christoph vom Freundeskreis des Museums in der Militär-Kapelle von La Petite Pierre.

zu gehen. In diesem Museum findet sich unser gemeinsames Erbe. Es ist die Geschichte des Elsass und seiner deutschen Kaiser. Mir ist es einfach ein Anliegen dies zu vermitteln." Schließlich sei bereits seit der Antike ein Siegel ein Zeichen von Identität, Macht und Eigentumsrecht gewesen. Private, öffentliche und amtliche Verfahren wurden und werden damit beglaubigt. Der Abdruck dabei ist äußerst individuell.

Es gibt symbolische, hagiographische Siegel, Wappen-, Reiter- oder Porträtsiegel oder auch solche der Architektur, der Seeleute und viele weitere. *„Jüdische Embleme hatten beispielsweise oft Tiermotive. Hier sieht man einen Krebs, dort ein Lamm, hinzu kommt die hebräische Inschrift"*, erklärt Michel Christoph und deutet auf entsprechende Objekte. Das Siegel des Zehn-Städtebundes im Elsass (Decapole) findet man ebenso wie Prägungen von Kaiser Karl V., Maximilian I., von Abteien, Päpsten, Ritterorden oder Edelleuten.

Etwas abseits im Hintergrund der Kapelle steht die Skulptur eines unbekannten Gelehrten. Wer das ist? *„Das ist Martin Luther"*, sagt Germaine Rohrbach. Doch ihr Kollege Michel Christoph hat für die Seniorin eine Überraschung parat. *„Nein, nein, das ist der Baumeister des Münsters in Strasbourg"*, meint er und fügt fast flüsternd hinzu. *„Der Museumsgründer Monsieur Haudot hat nicht immer alles offenbart. Vieles blieb im Geheimen. So verhielt es sich auch mit dieser Statue."* Und schon ist der Franzose bei den Siegeln der Freimaurer und den Steinmetzen der Domhütten, aus welcher der Geheimbund einst hervorging. Auch sonst findet sich einiges aus der Symbolik der Freimaurer, deren Mitglied der Museumsgründer war. Allerdings sei das oft nur für Eingeweihte erkennbar, erklärt der Mann aus Strasbourg.

Dass das Zeitalter des Siegels mehr oder weniger untergegangen ist, bedauert Michel Christoph ein wenig. *„Das waren echte Insignien der Macht. Aufwendig geschnitzt und für die Ewigkeit geschaffen. Eigentlich waren es ja die ersten Labels, wenn man die Marketing-Sprache bemüht. Es ist ein kultureller Verlust, dass es diese Formsprache heutzutage fast nur noch in Notariaten und Amtsstuben gibt. Andererseits ist es auch nachvollziehbar. Ein Stempel oder eine Signatur gehen einfach viel schneller und passen besser in die moderne Zeit"*, meint der Ahnenforscher achselzuckend. Neben dem Siegel-Museum existiert einige Straßen weiter noch das Springerle-Museum, das ebenfalls von Charles Haudot gegründet wurde. Hier findet sich die volkstümliche Ausprägung der Sigillographie. Denn vor allem religiöse Motive oder Szenen aus dem Zunft- und Handwerkerleben sind auf die Springerle – die man als Weihnachtsgebäck kennt – geprägt. Dominierend ist zweifellos die christliche Formensprache auf den zahlreichen Gebäckformenabdrücken.

Gérard Carrier produziert Liköre, Säfte und Bier auf Öko-Basis.
Der 57-Jährige ist auf Märkten im Elsass und Lothringen unterwegs.

Öko-Brauer aus Voellerdingen

Gerstensaft, Säfte und Liköre: Microbrasserie mit Erzeugnissen aus biologischem Anbau

Im Elsass gibt es eine lange Brau-Tradition. Fast zwei Drittel des in Frankreich produzierten Gerstensafts werden im Osten der Republik hergestellt. Neben den großen Brauereien im Elsass wie Kronenbourg oder Meteor im Elsass gibt es einen starken Trend zu kleinen Micro-Brasserien, die handwerklich gemachtes Bier in kleinen Mengen (sogenanntes Craft Beer) produzieren. Zu diesen Braumeistern zählt Gérard Carrier aus Voellerdingen im „Krummen Elsass" mit seinem Bio-Bier.

„Ich bin der Einzige in der Region, der ein Bier aus ökologischem Anbau herstellt. Das Bier ist nicht filtriert und pasteurisiert – ein lebendiges Produkt mit begrenztem Haltbarkeitsdatum", sagt der 57-Jährige. Sein Vorzeige-Produkt ist ein Dinkelbier. Es braut zudem einen Gerstensaft, der an belgische Fruchtbiere erinnert. So gibt es Varianten mit Apfel (Arlette), Mirabellen (Babeth), Waldmeister (Waldi) sowie Zwetschgen (Michel). Die Früchte stammen aus seinem Grundstück in der Nähe von Sarre-Union. Rund 3 000 Bäume befinden sich dort auf einer Fläche von rund acht Hektar.

Eigentlich ist Carrier von Beruf Buchhalter, die Bierproduktion macht er im Nebenerwerb und verkauft sein Gebräu in schön etikettierten Bügelflaschen. Im Jahr braut er rund 5 000 Liter. Sein handwerklich gemachtes „Craft Beer" mit dem zertifizierten Öko-Siegel (Fruits Bio d'Alsace) wird von Bio-Märkten in Sarre-Union und einigen Restaurants in der Region vertrieben. Zudem ist der 57-Jährige oft auf Bauernmärkten in Lothringen oder dem Nordelsass unterwegs, ebenso auf Bio-Messen in ganz Frankreich.

Er hat ferner einen kleinen Hofladen im Haus, in dem er das Bier veräußert. Die kleine Micro-Brasserie ist jedoch nur ein Teil seiner Getränkeherstellung. Likör, Schnaps, Sirup und Bio-Säfte zählen ebenfalls dazu. Bärlauch-Pesto, Marmeladen oder Apfelessig ergänzen das Portfolio des Elsässers, der ferner demeter-geprüft ist. Unter dem Etikett „Les Vergers d'Arlette" bietet er seine Produktpalette aus dem

i

Les Vergers d'Arlette, 9 rue Principale, Voellerdingen
Tel: 00 33 / 3 88 00 07 9
Voellerdingen liegt östlich von Sarre-Union an der D919.
Öffnungszeiten des Hofladens:
Mi., Sa. und So. 15 – 17 Uhr

Die Früchte für seine Liköre entstammen seinen Wiesen.
Im Hofladen kann man seine Produkte erstehen.

Biosphärenreservat Nordvogesen feil – das zu einhundert Prozent rückverfolgbar ist und von heimischen Wiesen stammt.

„Ich bin gerne draußen in der Natur und konzentriere mich auf die Essenz der Früchte unserer Region. Das sind alles Erzeugnisse unserer Mutter Erde. Da wird nichts Tausende Kilometer durch die Lande transportiert und die Umwelt verpestet. Was gibt es Schöneres, als saisonale und regionale Früchte zu ernten und nach alter Tradition zu verarbeiten. Und wenn dann noch ein schmackhafter Likör oder Bier dabei rauskommt, dann passt das ja bestens", so der Öko-Bauer am äußersten Zipfel des „Krummen Elsass". Und eines ist offensichtlich: Den großen Brauerei-Magnaten mit ihrem industriellen Bier setzen kleine, findige Micro-Brasserie-Meister ihr individuelles Können und vor allem viel Leidenschaft entgegen.

Hinweisschild für „Les Vergers d`Arlette" am Ortseingang von Voellerdingen.

Charles Durant setzt auf Bioqualität und althergebrachte Methoden. Auf 2,3 Hektar haben die Sauen reichlich Platz zum Suhlen.

Grumbeerewurst fait maison

- *Junges Paar setzt auf hochwertiges Bio-Schweinefleisch*
- *Züchter gewannen Wettbewerb „Bauernhof der Zukunft"*
- *Das Wohl der Tiere im Auge*

Einige Kilometer von Sarre-Union in Schopperten befindet sich der Bauernhof „Vieux Poirier" von Lauriane und Charles Durant. Das junge Pärchen produziert Fleisch und Wurstwaren in Bio-Qualität (Schwein, Geflügel, Rind und Kalbfleisch) – und das äußerst erfolgreich. 2015 gewannen die Züchter aus dem „Krummen Elsass" den hochdotierten Wettbewerb „Fermes d'avenir" (auf Dt: Bauernhof der Zukunft). Eine Siegesprämie von 10 000 Euro erhielten sie für ihr ökologisches Projekt. Der Hof ist ferner mit dem Label AB (agriculture biologique) zertifiziert und legt Wert darauf, dass die Schweine keinerlei Nitrat, Antibiotika oder chemische Zusätze im Futter erhalten.

„Bei uns können die Schweine im Freien suhlen. Sie sollen langsam wachsen und ein gutes Leben haben. Ohne Stress. Das spiegelt sich in der Qualität des Fleisches wider. Es sind natürlich Nutztiere, aber muss Respekt vor dem Tier haben", betont Lauriane Durant, die aus dem nahen Lothringen stammt. Die Qualität ihres Fleisches als Grundlage für die Spezialitäten der Region hat sich längst herumgesprochen, auch wenn es naturgemäß seinen Preis hat. Wichtig ist dem Paar die Rückverfolgbarkeit des Fleisches zu garantieren. *„Die Menschen legen immer mehr Wert auf Bio-Qualität und auf die Haltung der Tiere. Das Tierwohl haben viele im Gegensatz zu früher deutlich stärker im Fokus. Das ist gut so und kommt uns natürlich entgegen"*, sagt Lauriane Durant.

Auch, dass die Konsumenten stärker darauf achten, lokale Produkte, von denen sie wissen wo sie herkommen, zu kaufen, kommt den Bio-Bauern zu pass. Auf ihrem Grundstück von 2,3 Hektar haben sie neben der Freifläche für die Sauen zum Suhlen, den Schweinestall, das Verarbeitungslabor und den Direktverkauf im Hofladen untergebracht. Sie planen weiterhin Geflügelzucht und Gemüseanbau. So möchte das Duo rund 4 000 Obstbäume anpflanzen und so Unterholz schaffen, in dem die Tiere im Sommer Schatten finden. Zwei Teiche sollen für Bewässerung sorgen. Die Schweine sollen das Obst, das auf die

La ferme du vieux poirier, rue des champs, Schopperten (westlich von Sarre-Union).
✆ 00 33 / 3 88 00 80 16
www.ferme-vieux-poirier.fr
Verkaufszeiten im Hofladen immer Fr. 15 - 18 Uhr und Sa. 9 - 15 Uhr.

Die Landwirte Lauriane und Charles Durant mit ihrer Grumbeerewurst fait maison. Neben Bio-Schweinefleisch gibt es noch etliches mehr im Hofladen.

Erde fällt, als zusätzliches Futter fressen und ihr Kot wiederum als Düngemittel für das Wachstum der Bäume sorgen. *„So schließt sich der Kreislauf"*, sagt die Französin.

Neben ihrem Hofladen, der freitags und samstags geöffnet ist, veräußern sie ihr Bio-Fleisch unter anderem an das in der Region bekannte Restaurant „L' Ecluse 16" in Altwiller, das Spezialitäten des „Krummen Elsass" anbietet. Geräucherten Schinken, Kotelett, Terrinen, Schweinefilet oder Schulter mit Speck gibt es bei den Durants zu kaufen. Wichtig ist den jungen Bio-Bauern die kulinarische Tradition der Region zu bewahren. Eine Grumbeerewurst mit – wie der Name schon sagt – Kartoffeln gehört ganz klassisch zu ihrem Angebot. Wie beispielsweise auch Riesling Tarte (Pastete aus mit Riesling mariniertem Schweinefleisch), Schweinerippchen oder eine grobe Lothringer Wurst, die sich sehr gut zu Sauerkraut oder Suppen eignet.

Von benachbarten Bauernhöfen aus dem Elsass und Lothringen bieten die Durands Möhren, Schalotten, Kartoffeln oder Knoblauch an. Auch Molkereiprodukte wie Käse oder Crème fraîche haben sie ebenso wie Rapsöl oder Nudeln fait maison en Alsace im Angebot. *„Wir möchten den Menschen die Vielfalt der Produkte aus unserer Region vorstellen. Das ist in der Regel Bio-Qualität und frisch vom Erzeuger von nebenan. Echte Produits de terroir. Zurück zu den Wurzeln – genau das ist es, was wir wollen"*, sagt das Paar aus dem 430-Seelen-Dorf Schopperten unweit der D1061, unisono.

Hofladen der „Ferme du Vieux Poirier" in Schopperten im „Alsace bossue".

Anne-Marie rührt das hausgemachte Eis mit dem Mixer.

Lust auf ein foie-gras – oder ein Flammkuchen-Eis?

- *Experimentierfreudige Eismacher aus Bust*
- *Basis ist die gute Milch der Limousin-Kühe*

Erdbeer- oder Schokoladeneis – klar, kennt und mag fast jeder. Aber wie wäre es mal eine etwas exotischere Geschmacksrichtung zu probieren. Möglich ist dies auf der „ferme du limon" im „Alsace bossue" westlich von La Petite Pierre. Chefin Mireille Sins hat viel experimentiert und geht bei ihrer Eis- und Sorbet-Produktion auch gerne mal unkonventionellere Wege. Auf dem Bauernhof mit eigenem Hofladen gibt es neben den bekannten Klassikern kuriose Varianten wie foie gras- oder Flammkuchen-Eis. *„Klar, das ist schon etwas ungewöhnlich. Ich wüsste nicht, dass das sonst jemand anbietet. Andererseits ist das wiederum auch nicht so arg exotisch. Denn foie gras oder Flammkuchen stehen kulinarisch für das Elsass und Lothringen. Dafür ist unsere Region ja bestens bekannt. Insofern passt das schon ganz gut"*, meint sie gut gelaunt an einem sonnigen Tag auf ihrem Hof im hügeligen Nordwesten des Elsass.

Ein Hexenwerk sei es schließlich auch nicht, ein derartiges Produkt neben der üblichen landwirtschaftlichen Arbeit zu kreieren. *„Für das Flammkuchen-Eis nutzen wir die typischen Zutaten wie Rahm, Zwiebeln und gerösteten Speck. Das lassen wir über Nacht mit der Milch ziehen. Dann nehmen wir Speck und Zwiebeln wieder raus, frosten es und haben dann die Milch, die den typischen Flammkuchen-Geschmack angenommen hat. Voilà, und fertig ist das glace tarte flambee"*, sagt die Milch-Bäuerin und Gelati-Frau in Personalunion.

Wem sie die gute Qualität ihres Eises zu verdanken hat, weiß die Elsässerin, die perfekt Deutsch spricht, nur zu genau und führt in die Halle mit ihren schwarz-weiß gefleckten Kühen, die neugierig den Besucher mustern. Rund 180 Mutterkühe mit ihren Kälbern befinden sich auf der „ferme". *„Wir haben hier die Limousin-Rasse und Holsteiner Kühe. Sie liefern beste Qualität. Wir füttern sie vorwiegend mit Luzerne. Sie sind unser wahrer Schatz. Alles wird aus 100 Prozent natürlichen Zutaten hergestellt. Die Basis für alles ist die Milch unserer Kühe. Den Rahm machen wir selbst. Die Textur ihrer*

ferme du limon, 1 rue de la carrière,
Bust (westlich von La Petite Pierre)
✆ 00 33 / 3 88 00 62 58
www.glacedulimon.fr
Öffnungszeiten: Mi. und Sa.: 13.30 – 18.30 Uhr

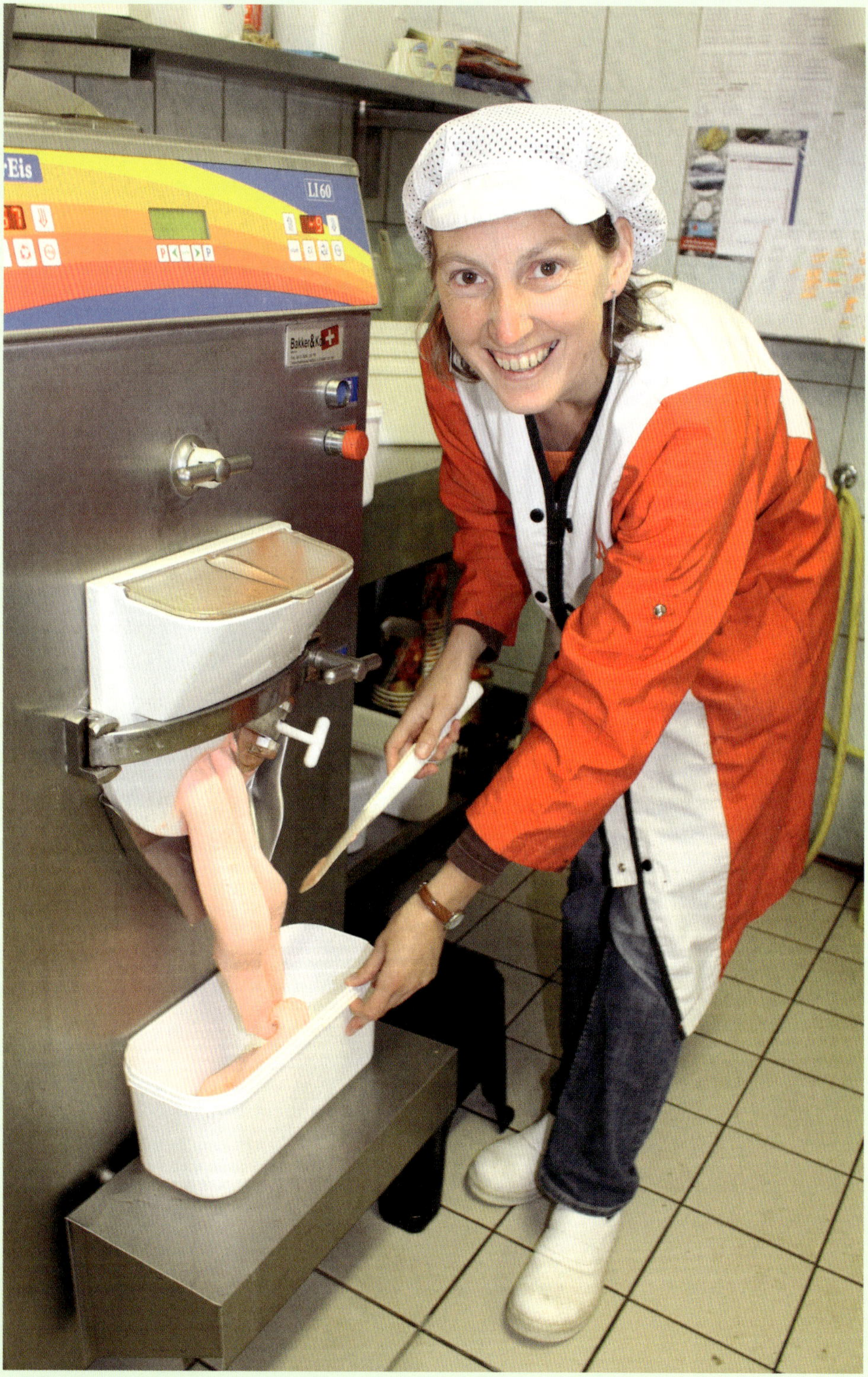

Ihre Kollegin Alicia macht schon mal die Portionen für die große und kleine Kundschaft fertig.

Milch ist sehr besonders." Zudem werden keine Konservierungs- und Farbstoffe oder künstliche Aromen für die Production de glace genutzt.

Natürlich genieße das Gros der großen wie kleinen Kundschaft in erster Linie Zitronen-, Himbeer-, Karamell-, Pistazien-, Rhabarber- oder Nougat-Eis. Bei den Sorbets seien Ananas, Clementine oder Birne die Favoriten. Aber die originär elsässischen Eisspezialitäten hätten ebenfalls einen eingeschworenen Fankreis. Der Bauernhof in vierter Generation beliefert auch Restaurants der Gegend. Zu Ostern ist ein weiterer Exot, zumindest in gekühlter Form, erhältlich. Weißes Gold respektive Spargel-Eis. Der Fantasie sind bei Mireille Sins ohnehin keine Grenzen gesetzt. Rote-Beete-Sorbet, Mirabellen-Eis, Zitronen-Mojito-Eis oder ein Eis mit Lavendel und Heu-Aroma gehen ebenfalls über den Verkaufstresen. *„Die pasteurisierte Milch unserer Vogesenkuh, frische Früchte von unseren Bäumen und Feldern und die entsprechende Würzung sind wohl unser Erfolgsgeheimnis"*, mutmaßt die Chefin, die in der Produktion von ihren Helferinnen Anne-Marie und Alicia unterstützt wird.

Unnötig zu erwähnen, dass in der „ferme du limon" das ganze Jahr über Eis gegessen wird mit Schwerpunkt naturgemäß auf den Sommermonaten. Beliefert werden auch in schöner Regelmäßigkeit Jubiläen, Hochzeiten oder Geburtstage. Keine Frage, Leckermäuler kommen, unabhängig von der Jahreszeit, bei den experimentierfreudigen Machern von glace – fait maison – zweifellos auf ihre Kosten.

Die Basis für die gute Qualität des Speise-Eis: die Milch der Limousin-Kühe in den Vogesen.

Kurze Pause vor dem nächsten Flugversuch. Die Volieren sind mehr als 35 Meter lang.

Hege und Pflege von Wildtieren

- *Auswilderungsstation beim Alten Forsthaus von Loosthal*
- *Der Fokus liegt auf verletzten Greifvögeln*

Im Wald von Neuwiller-lès-Saverne hat die Einrichtung Groupement Ornithologique du Refuge Nord Alsace (GORNA) ihren Sitz. Ziel der ehrenamtlichen Natur- und Tierschützer ist es, verletzte Tiere zu pflegen, aufzupäppeln und anschließend wieder auszuwildern. Am Sitz der Gruppierung befinden sich zahlreiche Volieren in Großformat sowie etliche Gehege. *„Rund 80 Prozent der Tiere, die zu uns gebracht werden, sind Vögel, darunter sind viele Greifvögel wie Bussarde, Falken oder Rotmilane. Spatzen, Eulen Schwäne, Mauersegler oder Störche werden ebenfalls bei uns abgegeben. Hinzu kommen Säugetiere wie beispielsweise Igel, Eichhörnchen, Wildkatzen oder Dachse"*, sagt Bernard Keller, Vorsitzender von GORNA Alsace mit rund 400 Mitgliedern.

Begonnen hat die Einrichtung vor rund 35 Jahren und, wie es der Name schon sagt, mit der Fokussierung ausschließlich auf Vögel. Später kamen auch Säugetiere hinzu. Oft werden die verletzten Tiere von Privatpersonen gebracht, aber auch von der Feuerwehr oder von Forstarbeitern. Nicht nur geschwächte Tiere aus dem Elsass werden im GORNA-Zentrum, dem Forsthaus von Loosthal, gehegt und gepflegt. Auch aus dem nahen Lothringen und sogar aus den Ardennen oder Luxemburg landen malade Exemplare der mitteleuropäischen Fauna in Neuwiller-lès-Saverne. *„Wir hatten mal einen Schwarzstorch aus den Ardennen bei uns zur Pflege, dessen Metallring-Identifikation aus Belgien stammte. Er hatte erhebliche Probleme mit seinem Gefieder und seinen Drüsen. Wir mussten ihn relativ lange bei uns behalten, bis er wieder ganz gesund war. Aber am Ende ging glücklicherweise alles gut"*, sagt Bernard Keller.

Das Führungsteam der Tierschützer aus dem Wald nahe des pittoresken Städtchens La Petite-Pierre besteht neben dem Vorsitzenden Bernard Keller aus Guy Marchive (Direktor) und Tierpflegerin Graziella Tönin, die im Forsthaus lebt und die Genesung der Tiere überwacht. Im Schnitt werden pro Jahr rund 250 Tiere abgegeben und anschließend wieder aufgepäppelt. Im Jahr 2017 wurden 69 Turmfalken, 30 Störche,

i

Gorna Alsace Neuwiller-lès-Saverne,
Altes Forsthaus Loosthal im Forst zwischen
La Petite Pierre und Saverne unweit der D134.
✆ 00 33/3 88 01 48 00
www.gorna.fr
Das Forsthaus befindet sich tief im Wald
(näher von La Petite Pierre aus).

Bernard Keller und Graziella Tönin von GORNA Alsace in Neuwiller-lès-Saverne.

Das alte Forsthaus von Loosthal ist das Zentrum von GORNA.

ebenso viele Spatzen, 46 Igel und 13 Eichhörnchen erfolgreich gepflegt und anschließend wieder in die Natur entlassen.

Das Gros der Verletzungen bei den Vögeln bezieht sich meist auf das Gefieder, hinzu kommen Knochenbrüche oder Verstauchungen. Die Unfallarten seien ganz unterschiedlicher Natur - oft in Zusammenhang mit der Zivilisation. Vögel prallen gegen Autos, verunfallen im Verkehr oder fallen schlicht aus dem Nest. Oder: Kleine Nagetiere plumpsen in leere Schwimmbecken. Im Winter passiere es immer wieder, dass Tiere durch zu milde Temperaturen verfrüht aus dem Winterschlaf erwachen und dann desorientiert und geschwächt seien. Auch vergiftete Schnecken, die gefressen werden, seien zuweilen ein Problem.

Wichtig sei bei der Pflege, dass der menschliche Kontakt auf ein Minimum reduziert werde, betonen die Aktiven. Die Tiere sollen so viel Ruhe wie möglich haben und keineswegs an den Menschen gewöhnt werden. Daher gibt es auch keinen öffentlichen Zutritt zu dem Zentrum. Allerdings gibt es außerhalb des Geländes einen Parcours mit Info-Tafeln und einen Garten mit Anschaubeispielen zur Biodiversität. Von außen kann man einen Blick auf die Volieren und ihre Insassen werfen. Bei schweren Fällen wird jeweils ein Tierarzt hinzugezogen. Meist betrage die Rehabilitationszeit zehn bis 14 Tage, kann aber auch mehrere Wochen dauern. Woran sie erkenne, dass ein Vogel wieder so weit sei, dass er ausgewildert werden könne? *„Das sind Erfahrungswerte. Ich beobachte die Tiere ganz genau - wie sie fressen, wie sie fliegen. Ich habe dafür längst ein Auge entwickelt"*, erläutert Graziella Tönin, die studierte Biologin ist und speziell zur Versorgung der heimischen Tierarten ausgebildet wurde.

Intention der Gruppierung, die von der Region Alsace und Lorraine unterstützt wird, ist es auch, die Öffentlichkeit für die Belange der Wildtiere in den heimischen Wäldern zu sensibilisieren. Zuletzt waren im alten Forsthaus von Loosthal bei den Säugetieren unter anderem ein Eichhörnchen und eine kräftig fauchende Wildkatze in der Reha. Beeindruckend ist auch ein Greifvogel, der in der mehr als 35 Meter großen Voliere wieder erste Flugübungen absolviert, während einige Störche davon unbeeindruckt im Gehege nebenan umherstaksen. *„Es ist einfach die größte Freude, wenn man die Tiere wieder in die Natur entlassen kann. Wenn man sieht, wie sie wieder gesund und fit werden, ist das eine schöne Belohnung"*, sagt die Tierpflegerin lächelnd.

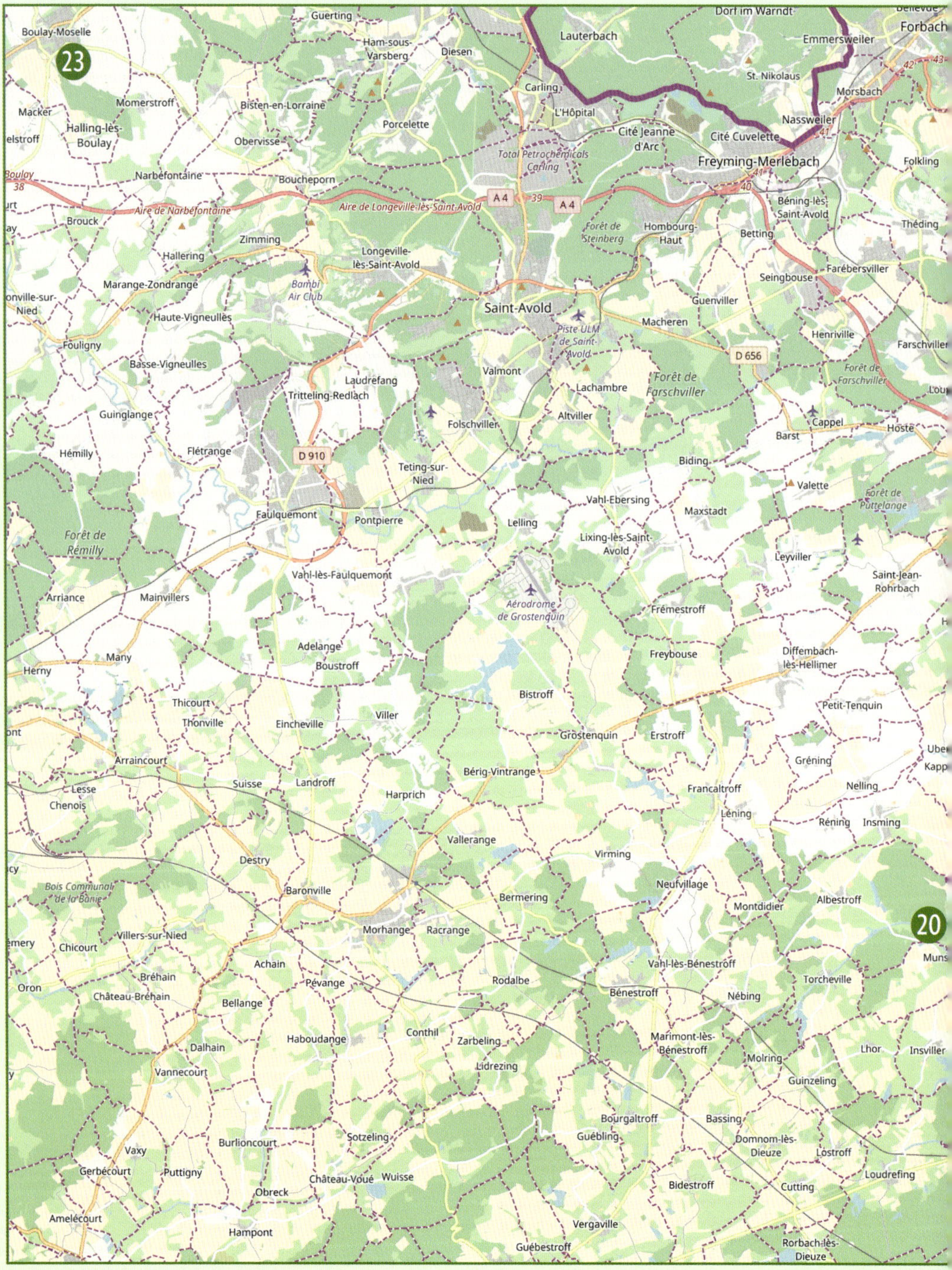
23
20
Boulay-Moselle
Guerting
Ham-sous-Varsberg
Diesen
Lauterbach
Dorf im Warndt
Emmersweiler
Forbach
St. Nikolaus
Morsbach
Nassweiler
Carling
L'Hôpital
Cité Jeanne d'Arc
Cité Cuvelette
Freyming-Merlebach
Folkling
Total Petrochemicals Carling
Macker
Momerstroff
Bisten-en-Lorraine
Porcelette
Halling-lès-Boulay
Obervisse
Narbéfontaine
Boucheporn
Aire de Narbéfontaine
Aire de Longeville-lès-Saint-Avold
A 4
Forêt de Steinberg
Hombourg-Haut
Béning-lès-Saint-Avold
Théding
Brouck
Zimming
Betting
Hallering
Longeville-lès-Saint-Avold
Farébersviller
Seingbouse
Marange-Zondrange
Bambi Air Club
Guenviller
Haute-Vigneulles
Saint-Avold
Macheren
Piste ULM de Saint-Avold
Henriville
Farschviller
Fouligny
D 656
Basse-Vigneulles
Valmont
Forêt de Farschviller
Laudrefang
Lachambre
Tritteling-Redlach
Guinglange
Folschviller
Altviller
Cappel
Barst
Hoste
Hémilly
Flétrange
D 910
Teting-sur-Nied
Biding
Valette
Forêt de Puttelange
Vahl-Ebersing
Maxstadt
Faulquemont
Pontpierre
Lelling
Forêt de Rémilly
Lixing-lès-Saint-Avold
Leyviller
Vahl-lès-Faulquemont
Saint-Jean-Rohrbach
Arriance
Mainvillers
Aérodrome de Grostenquin
Frémestroff
Adelange
Freybouse
Diffembach-lès-Hellimer
Many
Herny
Boustroff
Bistroff
Petit-Tenquin
Thicourt
Thonville
Eincheville
Viller
Grostenquin
Erstroff
Arraincourt
Bérig-Vintrange
Gréning
Lesse
Chenois
Suisse
Landroff
Francaltroff
Nelling
Harprich
Léning
Réning
Insming
Vallerange
Destry
Virming
Bois Communal de la Bonie
Baronville
Neufvillage
Bermering
Montdidier
Albestroff
Villers-sur-Nied
Morhange
Racrange
Chicourt
Achain
Vahl-lès-Bénestroff
Bréhain
Pévange
Rodalbe
Torcheville
Oron
Château-Bréhain
Bellange
Bénestroff
Nébing
Dalhain
Haboudange
Conthil
Zarbeling
Marimont-lès-Bénestroff
Lhor
Insviller
Vannecourt
Lidrezing
Molring
Guinzeling
Bourgaltroff
Bassing
Guébling
Sotzeling
Domnom-lès-Dieuze
Vaxy
Burlioncourt
Lostroff
Gerbécourt
Puttigny
Château-Voué
Wuisse
Loudrefing
Obreck
Bidestroff
Cutting
Amelécourt
Hampont
Vergaville
Guébestroff
Rorbach-lès-Dieuze

Region Saargemünd

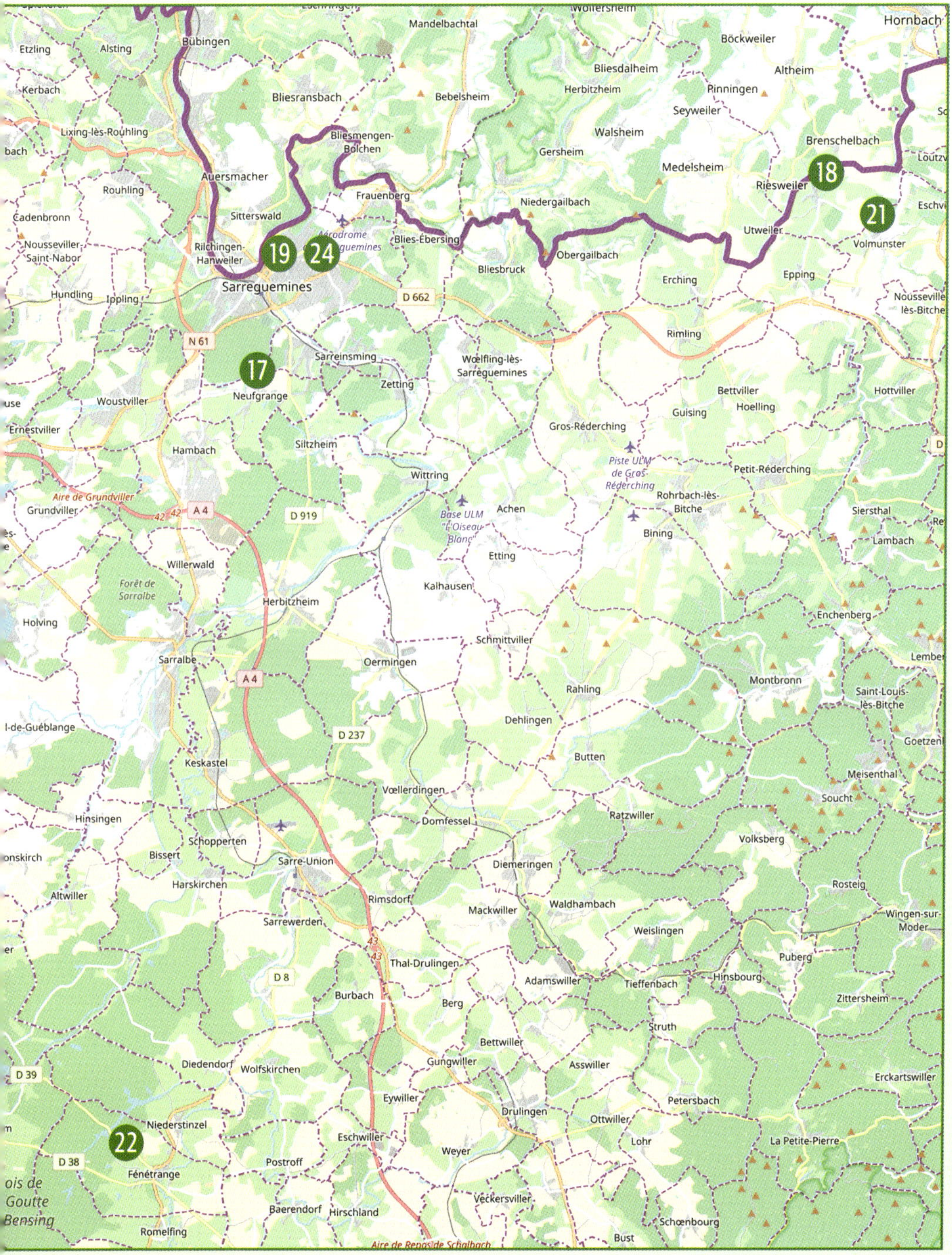

Liebe zum Detail: die Restauratorin bei der Arbeit.

Doktorin für edles Porzellan

- *Lothringerin restauriert wertvolle Emaille, Fayencen oder Majolika*
- *Akribie und Technik gefragt*

Eine ganz spezielle Mission hat Rachel Eva-Sacripanti. Die 45-Jährige aus Neufgrange ist „Porzellan-Doktorin". Die Lothringerin kommt dann zum Einsatz, wenn lieb gewonnene Jugendstilvasen, Skulpturen oder hochwertiges Tafelservice Schäden aufweisen. Meist sind es wertvolle Teile, denn für Nippes würde kaum jemand die Dienste der Restauratorin in Anspruch nehmen. Oft ist es Majolika, edles Porzellan, Emaille aus Longwy oder Keramik der Fayencerie aus dem nahen Saargemünd, was auf dem „Patiententisch" ihrer Werkstatt landet. *„Man muss bei dieser Arbeit äußerst akribisch vorgehen. Fehler darf man sich nicht erlauben"*, sagt die sympathische Französin, während sie ihre Mikroskop-Brille über die Stirn schiebt. Seit jeher ist Rachel Eva-Sacripanti auch Sammlerin. Ihr Atelier ist daher gut bestückt mit feiner Emaille aus Longwy oder Glaskunst aus Meisenthal in den Nordvogesen. Zuvor hatte sie in einem medizinischen Labor gearbeitet, ehe sich dafür entschied, ihre Passion zum Beruf zu machen und sich zur Restauratorin ausbilden ließ.

Seit etwa 15 Jahren ist die Frau aus Neufgrange nun in ihrem „Atelier des Eclats" tätig. Die Qualität ihrer Arbeit hat sich herumgesprochen - nicht nur in der näheren Umgebung, sprich Nancy, Strasbourg oder Metz. Ihre Kundschaft kommt auch aus Lyon, Luxemburg oder Deutschland. Liebhaber schätzen offenbar ihr kenntnisreiches Flicken der kostbaren Schätze. Allerdings: Geduld muss der Auftraggeber schon mitbringen. Denn drei bis acht Monate können schon vergehen, ehe Rachel Eva-Sacripanti ein Objekt wieder ohne Spuren der Verwüstung an den Auftraggeber zurückgibt. Selbstredend hängt die Dauer vom Grad der Zerstörung ab. Beispielsweise, ob sie gebrochene Zacken ersetzen oder lediglich Risse kitten muss. In der Regel arbeitet die Französin, die ursprünglich aus dem „Krummen Elsass" stammt, an mehreren Objekten gleichzeitig. In der Werkstatt warten viele „Patienten" auf Heilung - die Scherben liegen meist daneben.

„Die Arbeit beginnt stets mit einer eingehenden Analyse. Man braucht eine ruhige Hand und entsprechendes Wissen über Materie und chemische Prozesse.

i

Atelier des Eclats, 11 rue des Vosges,
Neufgrange (bei Saargemünd).
✆ 00 33/6 81 10 54 37
www.atelierdeseclats.fr
Öffnungszeiten: Mo.-Fr. 9-20 Uhr und
Sa. und So. 10-13 Uhr
Die Restauratorin spricht Deutsch.

Wichtig ist aber auch die Liebe zu den Utensilien. Denn wenn ich alle Stunden zusammenrechnen würde, die ich für ein Objekt benötige, hätte ich wohl schon längst damit aufgehört", gesteht sie lächelnd. In ihrer Werkstatt gibt es reichlich Döschen mit verschiedenen Farbtönen, die sie selbst herstellt. Polymerkleber, fusselfreie Spezialtupfer, Reinigungsalkohol oder Zweikomponentenkleber stehen ihr unter anderem zur Verfügung. Um Scherben zu rekonstruieren, macht sie zunächst immer Gipsabdrücke.

Einer ihrer Kunden ist ein 78-jähriger Pensionär aus Saargemünd. Das jahrhundertealte Stück aus der örtlichen Fayencerie hat Sprünge, manche Teile fehlen ganz. Aber dank der Fertigkeiten von Eva-Sacripanti sieht auch dieses Stück nach der Restauration wieder aus wie neu. Es gibt im Übrigen auch eine Sammler-Klientel, die möchte, dass die Spuren der Zeit durchaus noch zu erkennen sind, wenn auch in abgemilderter Form, weiß die 45-Jährige, die sehr gut Deutsch spricht, aus langjähriger Praxis. Die Beschädigungen seien meist ähnlich. *„Ganz oft ist etwas abgeplatzt, es befinden sich feine Risse im Objekt oder der Kanne fehlt der Henkel. In der Regel bekomme ich die Scherben mitgeliefert, aber nicht immer. Dann muss ich diese eben rekonstruieren. Ich mag Herausforderungen. Dabei spielt es keine Rolle, ob die Problemstellung in der Glasur oder der Textur des Materials liegt. Gerade die Komplexität macht den Reiz aus"*, erklärt die „Porzellan-Doktorin".

Restauratorin mit Leib und Seele: Rachel Eva-Sacripanti aus Neufgrange bei Saargemünd.

Patienten, die auf Heilung warten, gibt es etliche: Vasen, Gläser, Teller, Skulpturen.

Derzeit arbeitet sie an einem Werk von Théodore Deck, einem bedeutenden elsässischen Keramiker des 19. Jahrhunderts, bekannt für Historismus und Jugendstil. Eines hat sie während ihrer Tätigkeit festgestellt. Bis um das Jahr 1900 herum hätten die Manufakturen höchsten Wert auf Qualität gelegt. *„Danach nahm dieser Sinn dafür meiner Ansicht leider immer mehr ab. Dann entstand oft industrielle Ware, die sich mit den Produkten zuvor nicht mehr messen kann. Zudem waren sie nicht mehr so stabil und gingen viel schneller kaputt"*, fügt sie hinzu. Aber natürlich habe auch Ware nach der Jahrhundertwende ihren Wert. *„Es handelt sich ja um Kulturgut, welches die jeweilige Zeit widerspiegelt - gleichgültig, ob es günstige Keramik für die niederen Stände oder hochwertige für das gut betuchte Bürgertum war."*

Im nahen Saargemünd arbeiteten bis 1880 noch rund 3 000 Mitarbeiter in der sehr renommierten Fayencerie. Ab 1920 setzte man auf Industrieware und stellte verstärkt Fliesen her. Mittlerweile ist die traditionsreiche Manufaktur Geschichte. Wichtig ist der Restauratorin auch die Kommunikation mit dem Kunden. *„Ich muss genau wissen, was derjenige möchte und welchen Aufwand er will, was sich ja letztlich auch im Preis niederschlägt. Vor allem möchte ich seine Begeisterung für sein Objekt spüren. Danach kann das Puzzle beginnen. Ich freue mich jedes Mal aufs Neue drauf"*, sagt die Frau aus Ost-Lothringen voller Enthusiasmus.

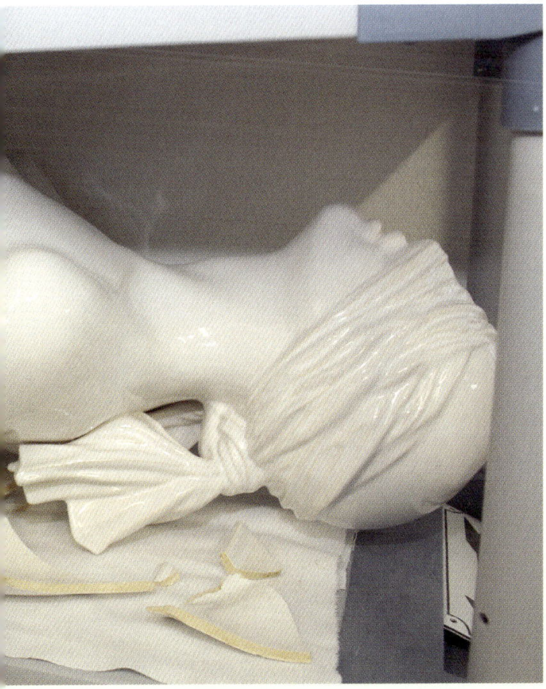

Hier ein seltenes Stück der einstigen Fayencerie aus dem nahen Saargemünd.

: Landwirt Gabriel Frumholtz erntet jährlich rund 1000 Obstbäume ab.

Passion für Mirabellen und Zwetschgen

- *Familienbetrieb verarbeitet Früchte zu leckerer Konfitüre*
- *Lothringer zählen zum Verband „Mangeons Mosellan"*

Die Begeisterung für seine Hauszwetschgen ist Gabriel Frumholtz deutlich anzumerken. Der Landwirt aus Ormersviller direkt an der deutsch-französischen Grenze vis-à-vis von Zweibrücken ist Herr über einen Obstgarten von mehr als 1 000 Bäumen. Auf rund 2,5 Hektar erntet der Lothringer jedes Jahr rund 9 000 Tonnen Pflaumen, Mirabellen und Äpfel. Die verarbeitet er zu leckerer Konfitüre. *„Die Hauszwetschge ist leicht säuerlich mit einer feinen Süße. Zucker braucht sie keinen. Das ist einfach ein Gedicht"*, sagt der Mann aus der Nähe von Volmunster im Département Moselle. Die Zwetschgen, eine Unterart der Pflaumen, köcheln bei rund 90 Grad einige Stunden gemächlich vor sich hin. Und schon ist die Konfitüre fertig.

Bekanntlich ist die „Grande Nation" zur Frühstückszeit ein Land der Marmeladenesser. Der Landstrich im Nordosten Lothringens macht da keine Ausnahme. Morgens ein Baguette oder Croissant, ein wenig Konfitüre, Kaffee dazu, fertig. Besonders beliebt bei seinen Kunden sind die Quetscheschlaeggel, die noch weniger Zucker haben als normale Konfitüre. Hier wird der Zucker quasi „ausgeschlagen". Ein weiteres wichtiges Thema für Gabriel Frumholtz sind seine Mirabellen. Schließlich ist Ostfrankreich Mirabellenland. Hier werden rund 70 Prozent des Weltmarkts der Frucht angebaut. Das Zentrum des Anbaugebiets liegt weiter südlich in der Gegend um Nancy. Aber auch Gabriel Frumholtz hegt und pflegt die gelbe Frucht, die er eingelegt im Glas oder als Marmelade verkauft. *„Entscheidend ist es, die Felder im Vorfeld mit Mist gut zu düngen und die Bäume professionell zu beschneiden sowie generell Baumpflege zu betreiben. Das ist die Basis für das gute Gedeihen. Hilfreich sind auch Kalkböden und generell die klimatischen Bedingungen mit viel Sonne, die wir in der Region haben"*, erläutert er.

„Le verger des frères Frumholtz" ist, wie der Name es schon andeutet, ein echter Familienbetrieb. Neben Gabriel sind auch die Brüder Jean und Auguste mit im Boot. Jean Frumholtz ist der Imker des

i

„Le verger des frères Frumholtz", 3 rue de l'Église Ormersviller, nordwestlich von Bitche, direkt an der Grenze zu Deutschland. Der Hofverkauf findet täglich ab 16.30 Uhr statt.
✆ 00 33 / 3 87 96 70 24
(Die Familie Frumholtz spricht Deutsch.)

Am Haus prangt das Signet von „Le Verger des frères Frumholtz" in Ormersviller bei Volmunster in Nordost-Lothringen.

Obst-Bauern aus Leidenschaft. Auguste und Gabriel Frumholtz (re.) auf ihrer rund 2,5 Hektar großen Plantage.

Rund 70 Prozent des Weltmarkts an Mirabellen werden in Lothringen produziert. Der Familienbetrieb kreiert Konfitüre oder eingelegte Mirabellen.

Trios und seine Bienen machen einen wesentlichen Job mit ihrer Bestäubung. Der Obstbetrieb, gehört dem Verband „Mangeons Mosellan" an und veräußert seine Waren auf Märkten in Lothringen, Elsass und dem nahen Saarland sowie im Hofverkauf vor Ort. *„Ich mache diese Arbeit einfach mit Passion, das ist die Grundvoraussetzung für gutes Gelingen. Wenn ich nach der rund fünfwöchigen Ernte das zarte Fruchtfleisch der Mirabelle koste, dann ist das einfach ein echter Genuss"*, sagt der Naturbursche lächelnd.

Bei der Ernte, die zumeist Mitte August beginnt, packt die ganze Familie mit an. Die Brüder ohnehin, aber auch deren Kinder, die Frauen, die gesamte Großfamilie ist dann auf dem idyllischen Areal unweit des Hofes zugange. Alles wird von Hand gepflückt. Bereits die dritte Generation hilft bei der Ernte mit. Auf Pestizide versucht der Bauer weitgehend zu verzichten, um ein unverfälschtes Naturprodukt auf den Frühstückstisch zu bringen. Man wolle sich von Industrie-Konfitüre nicht nur durch den Geschmack unterscheiden, fügt er hinzu. Auch Waldhonig, Akazienhonig, Rapshonig oder Kastanienhonig aus der Imkerei gibt es bei Frumholtz zu erstehen. Der zertifizierte Betrieb verfügt über ein Obstverarbeitungslabor, ein großes Lager und einen Kühlraum. Äußerst akribisch gehen die Brüder beim Anbau und der Pflege der Plantage in dem Dörfchen, das 1304 erstmalig urkundlich erwähnt wurde, vor. Mittlerweile gehört der Landstrich wie ganz Lothringen bekanntlich zur Großregion „Grand Est". Gabriel Frumholtz ist das relativ egal, so lange sein Obstgarten jeden Sommer neu gedeiht und erblüht. *„Wir sind jede Saison draußen auf unserem Feld und arbeiten hart. Wenn wir dann zum Dessert Dampfnudeln mit Zwetschgen oder eingeweckten Mirabellen bekommen. Was will man denn mehr?"* meint der Obst-Bauer zufrieden.

Paradies für Naschkatzen: Auch fantasievolle Törtchen zählen zum Portfolio des Meisters.

Ein Meister der Patisserie

Franck Kestener aus Saargemünd gilt als bester Chocolatier Frankreichs

Keine Frage, Elsass und Lothringen ist die Heimat zahlreicher Top-Chocolatiers, die zu den Meistern ihrer Zunft zählen. Man denke nur an Jacques Bockel (Saverne), Daniel Rebert (Wissembourg) oder Jean Plumery (bei Phalsbourg). In einer ganz eigenen Liga spielt jedoch Franck Kestener (Saargemünd). Der 42-Jährige hat den Titel des „Meilleur Ouvrier de France" inne, ist also der beste Chocolatier Frankreichs und zudem Patisserie-Weltmeister. Bereits 2006 holte er mit dem Team Frankreich die Auszeichnung bei der Patisserie-WM in den USA.

„Wir haben hier im Osten Frankreichs eine sehr ausgeprägte Kultur der Gastronomie, zu der natürlich auch das Konditorhandwerk zählt. Das ist eine kulinarische Tradition, auf die wir mit Recht stolz sein dürfen", sagt Franck Kestener in seinem schmucken Geschäft im Gewerbegebiet von Saargemünd, in dem man zwischen zahlreichen Köstlichkeiten die Qual der Wahl hat. Ob Macarons, Pralinés oder Tartes – jedes seiner süßen Werke ist ein kleines Meisterwerk und verführt schon rein optisch zum Genuss. Für manchen ist es sicher ein Paradies – das Reich des Mannes, der neben dem Hauptgeschäft in Saargemünd noch zwei Dependancen in Saarbrücken und Paris unterhält. Wenn er über seine schokoladigen Kreationen spricht, gerät er regelrecht ins Schwärmen. *„Es geht darum, der Schokolade auf sanfte Art und Weise, Geschmack zu verleihen. Es muss ein echter Traum werden. Wir machen das mit großer Leidenschaft."* Damit die Poesie aus Zimt, Vanille und Schokolade auch wirklich zu einem Gedicht wird, nutzt er ausschließlich Kakaobohnen feinster Qualität. *„Die Kakaobohnen sind ganz entscheidend. Wir nehmen diese unter anderem aus Venezuela, Trinidad und Tobago, Kuba oder Ecuador. Unsere Haselnüsse erhalten wir beispielsweise aus dem Piemont. Diese hochwertigen Produkte garantieren uns allerbeste Qualität."* Die Kunden danken es ihm – die Confiserie hat längst eine Reputation, die weit über Lothringen hinausgeht. In fünfter Generation führt Kestener das Geschäft.

Bereits sein Vater Robert Kestener war ein Meister-Chocolatier. Selbst nach fast 60 Jahren in seinem Metier ist der Senior-Chef auch heute noch täglich im

i

Die Patisserie befindet sich im Gewerbegebiet von Saargemünd, 6 Rue Gutenberg, übliche Ladenöffnungszeiten.
www.franck-kestener.com

Willkommen im Dorado für Schleckermäuler.

In seinem Ladengeschäft in Saargemünd gibt es Pralinés und edle Schokoladen-Kreationen in Hülle und Fülle.

Familienbetrieb anzutreffen. *„Ich liebe das Spiel mit Texturen und Geschmacksnuancen, die auf den ersten Blick nicht unbedingt zusammenpassen. Schokolade mit foie gras beispielsweise. Ich experimentiere gerne – und wenn der Kunde am Ende glücklich ist, dann bin ich das auch"*, erläutert Franck Kestener seine Philosophie.

Franck Kestener hat den Titel bester Chocolatier Frankreichs inne, zudem ist er Patisserie-Weltmeister mit der Equipe Tricolore.

Spezielle Kombinationen sind das Steckenpferd des Kakao-Bocuse. Beispiele gefällig? Wie wäre es mit Pralinés mit Ingwer-Geschmack, Madagaskar-Schokolade mit Thymian-Noten, Grand-Cru-Schokolade mit Himbeer-Ganache, Limetten-Zartbitter-Pavé, Praliné mit iranischen Pistazien und Koriander oder Mandelbuttergebäck mit Rohrzucker und Fleur de Sel. Oder: Die „Perle Lothringens" gefällig? *„Das ist eine Mandel mit sechseckigen Facetten. Dazwischen breitet sich eine Mirabelle aus, die es zu einer eleganten und knackigen Karamellpraliné macht"*, führt der Gewürz- und Schokoladenalchimist aus. Schließlich ist die Mirabelle *die* Frucht Lothringens. Und das Symbol der Region darf auch im Naschparadies des 42-Jährigen nicht fehlen. Zutaten wie Nougat oder Marzipan werden im Übrigen selbst gemischt, auf Konservierungsstoffe wird im Maison Kestener generell verzichtet.

Auch die Verpackung der schokoladigen und fantasievollen Kreationen ist äußerst aufwendig und edel. Wenn es die knappe Zeit zulässt, dann ist der erfolgreiche Konditor als Dozent in den USA unterwegs. Natürlich auch hier im Sinne des guten Geschmacks. Dort gibt der gertenschlanke Confiserie-Champion, der vor lauter Arbeit wohl selbst kaum zum Naschen kommt, seine umfangreichen Kenntnisse seiner Profession an die US-Kollegen weiter.

In allen gut sortierten Supermärkten im Osten Frankreichs ist die Retro-Limo mit dem Bügelverschluss zu haben.

Das Wunder von der Limo-Fabrik

- *Alte Limonaden-Manufaktur in Munster stand vor dem Ruin*
- *Mit Erfolg auf Nostalgie gesetzt*
- *Sprudel mit natürlichen Aromen rund um den Globus beliebt*

Vor einigen Jahren stand die traditionsreiche Limonadenfabrik „Lorina" in Munster im Osten Lothringens vor dem Aus. Die 1895 von den Gebrüdern Geyer ins Leben gerufene Sprudel-Herstellung war im globalen Zeitalter einfach nicht mehr konkurrenzfähig. Doch was tun, um die qualitativ hochwertige Limo im Zeitalter von Energy-Drinks und Softdrink-Giganten am Leben zu erhalten? Um die hausgemachte Limonade made in France zu retten, suchte Geschäftsführer Pierre Barjon ganz bewusst eine Nische. Er fand sie schließlich in einem Regionalprodukt mit Retro-Charakter, das sich aktuellen Trends nicht verschließt. Die wie bisher produzierte Limonade wurde fortan in eine schwere 75cl-Flasche mit mechanischem Verschluss wie zu Großvaters Zeiten umgefüllt. Angereichert wurde Lorina mit neuen hippen Geschmacksrichtungen wie Limette oder Cranberry. So machte die Pink Limonade zur großen Freude in Munster auf der wichtigen Gastro-Messe „Fancy Food Show" in New York Furore, erhielt dort den NASFT-Award und avanchierte so zum Szene-Drink.

Das Familienunternehmen mit einem halben Dutzend Angestellten, das kurz zuvor vor der Pleite stand, schickte sich von nun an, den US-Markt zu erobern. Auch in Großbritannien, Spanien, Italien, Malaysia, Singapur oder Japan wurde die Marke erfolgreich platziert. Mit einem Vertrieb über vier Kontinente schaut der Getränkehersteller, der vor gar nicht so langer Zeit noch dem Untergang geweiht schien, derzeit verstärkt auf den asiatischen Markt. Rund 100 Mitarbeiter in dem 200-Seelen-Dorf, einige Kilometer westlich von Sarre-Union, sorgen dafür, dass der Nachschub an Limonade so schnell nicht ausgeht.

„Es klingt wie ein Wunder, und das ist es wohl auch", sagt Ives Kesseler, der das Unternehmen 30 Jahre lang geleitet hat. *„Wir haben ‚Lorina' eigentlich von jeher nur in einem Umkreis von 25 Kilometern verkauft. Wir waren ein reiner Regionalbetrieb. Als es nicht mehr lief, stieg der*

Die Limonadenfabrik Lorina der Gebrüder Geyer befindet sich in Munster (westlich von Sarre-Union), Rue Vibersviller.
✆ 00 33 / 3 87 01 62 01
www.lorina.com
Gruppenführungen ausschließlich nach telefonischer Reservierung.

Seit 1895 wird in Munster Limonade hergestellt. Viel Handarbeit ist auch heute noch vonnöten.

Einst von den Gebrüdern Geyer in Lothringen gegründet, ist der Sprudel heutzutage auch in den USA oder in Asien in den Läden.

neue Geschäftsführer Pierre Barjon ein und nutzte seine Kontakte in die Gastro-Szene in Paris und den USA. Ab da an ging es bergauf. Heute können wir wirklich nicht klagen", sagt der 80-jährige Grandseigneur selig lächelnd. Die Folgen des Investments: Rund 25 Millionen der markanten Bügelflaschen werden aktuell pro Jahr abgefüllt, um durstige Kehlen rund um den Globus zu befriedigen. Und dass, obwohl das Getränk eher zum hochpreisigen Segment zählt. Zum Erfolg der 1895 in der Region Moselle gegründeten Marke hat offensichtlich auch die nostalgische Aufmachung beigetragen. Die bauchigen 0,75 cl oder 1L-Glasflaschen mit dem mechanischen Verschluss vermitteln den Geist einer längst verblichenen guten, alten Zeit. *„Wir haben bewusst auf die Marke Tradition gesetzt. Den Bügelverschluss hat außer uns damals kaum noch jemand in Frankreich gehabt. Das alles hat das Interesse geweckt. Aber letztlich kommt es natürlich auf die Qualität des Produkts an"*, erklärt Kesseler. In der Zwischenzeit kamen neue Meriten hinzu: Die Manufaktur wurde für ihr innovatives Vorgehen von der Region Lothringen ausgezeichnet und erhielt einen „Oscar" der Getränkewirtschaft. Zur Besinnung auf die Tradition kam auch die Hinwendung zu einer Zielgruppe, die man auf den ersten Blick nicht unbedingt mit Limonade in Verbindung bringt: der Generation 50 plus. *„Viele kennen die Limonade ja noch aus ihrer Kindheit und erfreuen sich auch heute wieder daran. Es gibt ja kein Gesetz, das sagt, dass nur Kinder Limonade trinken dürfen. Deshalb betreiben wir unsere Marketing-Aktivitäten auch in Richtung der Best Ager, und das läuft sehr gut"*, so der betagte Senior-Chef der Firma, der weiterhin als guter Geist von „Lorina" fungiert. Seit der Gründung der Fabrik Ende des 19. Jahrhunderts wird das Getränk im Übrigen nach unverändertem Rezept hergestellt. *„Wir benutzen Quellwasser aus den Vogesen, Zucker aus dem Elsass sowie die Essenz frischer sizilianischer Limonen und ein paar Tropfen Zitronensäure zur Konservierung"*, plaudert der „Limonadier" am Rande des „Krummen Elsass'" aus dem Nähkästchen. Um das besondere Aroma zu gewährleisten, wird der Sirup lediglich am Zubereitungstag verwendet.

Die Produktpalette sei im Laufe der Jahre und nach der Neustrukturierung der Marke immer stärker erweitert worden, so dass mittlerweile auch Sprudel mit feinen Beeren oder Orangeauszügen zum Sortiment zählen. Bis heute konnte die Herstellung im Übrigen nur begrenzt automatisiert werden, da es keine Maschine gibt, welche die Bügelverschlüsse montieren und schließen kann. Deshalb ist auch heute noch viel Handarbeit nötig, wie ein Blick in die Produktion verrät. Mittlerweile sind die nostalgischen Flaschen im Übrigen sogar längst zu Sammlerobjekten geworden. Man sieht sie auf Trödelmärkten in Metz oder Nancy. In jedem Falle scheint die aromatische Limonade im Retro-Look beim Kunden anzukommen. Ein Ende des Wunders scheint nicht in Sicht.

Inniglich: Dominique Vogel und ihre Haflinger Stuten in Volmunster-Eschviller.

Stutenmilch aus den Nordvogesen

- *Bio-Produkt gilt als uraltes Heilmittel*
- *Farmbetrieb hält Haflinger in Volmunster*

Keine Frage, Dominique Vogel liebt ihre Tiere. Die Frau, die ursprünglich aus Paris stammt, betreibt mit ihrem Mann Patrick die erste Bio-Stutenmilch-Farm Frankreichs im beschaulichen Volmunster. Zärtlich tätschelt sie ihre Haflinger im Stall der „Domanie de la Voie Lactée" (auf Dt. Milchstraße) und redet sanft auf sie ein. Das Paar besitzt in der ländlichen Idylle rund 150 Pferde, davon 40 Stuten. Sie geben die Milch ab, die schon seit der Antike als Heilmittel gilt. Sie stärkt das Immunsystem und die Abwehrkräfte. Vor allem bei Menschen mit Stoffwechselstörungen, bei Magen- und Darmproblemen sowie Entzündungen wird sie immer wieder gezielt eingesetzt. *„Das ist eben eine rundherum biologische Essenz, die vornehmlich gesundheitlich angeschlagenen Menschen unterstützt. So ein Naturprodukt mit Hilfe unserer Pferde zu produzieren, freut mich einfach ungemein"*, erklärt Dominique Vogel.

Die Lothringer Stutenmilch ist beispielsweise in Apotheken in Metz, Straßburg, Saargemünd, Lille oder Paris erhältlich. Ein Großteil ihrer Produkte verkauft das Paar jedoch über das farmeigene Geschäft oder über das Internet. Die Kundschaft kommt neben Frankreich auch aus Belgien, Deutschland und der Schweiz. Neben Milch werden auch Seife, Antifalten-Cremes, Tagescremes oder Shampoos produziert. Lebensmittel wie Joghurt oder Käse herzustellen ist dagegen mit Stutenmilch nicht möglich, da sie nicht so fetthaltig wie Kuhmilch ist. Im Frühjahr kommen die Fohlen jeweils auf der Farm zur Welt, im Juli und August beginnt schließlich die Melksaison. Nur die letzten fünf bis sechs Wochen, in denen die Stute Milch gibt, werden dazu genutzt. Denn schließlich sollen zunächst die Fohlen zu ihrem Recht auf Muttermilch kommen und gestärkt werden. Anschließend wird mehrmals am Tag gemolken und die gesamte Familie auch – Sohn und Tochter – helfen dann im Familienbetrieb bei dem aufwendigen Procedere mit.

Rund vier bis fünf Liter gibt eine Stute etwa pro Tag ab. Pro Jahr werden so rund 4 000 Liter erzielt. Wichtig ist Dominique Vogel der Umstand, dass die Milch nicht erhitzt und pasteurisiert wird, sondern

„Domanie de la Voie Lactée" rue de la foret in Eschviller (Ortsteil von Volmunster).
Der Hof ist etwas außerhalb. Neben dem Hofladen kann man die Produkte auch über das Internet erstehen.
✆ 00 33 / 3 87 96 77 37
www.jumvoilac.com

Stolz auf die Bio-Stutenmilch, die als uraltes Heilmittel gilt. Farm-Betreiberin Dominique Vogel.

Neben Milch werden auch Cremes oder wie hier Seifen aus der Stutenmilch hergestellt.

direkt bei minus 45 Grad schockgefrostet wird. Ein großer Teil wird in Beutel abgefüllt, der andere Teil geht in die Normandie, wo daraus Seifen, Shampoo oder Cremes hergestellt wird. Zertifiziert ist die Farm mit diversen Öko-Labels und wird außerdem regelmäßig vom Labor der Gesundheitsbehörde kontrolliert.

Bereits seit 1989 existiert die Stuten-Farm am Rande von Volmunster vis-à-vis von Zweibrücken. Eigentlich könnten die Betreiber weiterwachsen. Bio-Produkte werden heutzutage bekanntlich gut nachgefragt. *„Aber das wollen wir ja gerade nicht. Wir möchten es so halten, wie es ist, und ein kleiner, überschaubarer familienorientierter Betrieb sein"*, betont die Pionierin in Sachen Stutenmilch, die sich auch mit der anthroposophischen Lehre Rudolf Steiners befasst. Die Pariserin ist im Übrigen schon von klein auf eine echte Pferdenärrin und passionierte Reiterin, ritt in der französischen Hauptstadt einst Turniere. An ihren Haflingern mit der goldblonden Mähne schätzt sie besonders das ausgeglichene Wesen und ihr ruhiges Temperament. *„Sie sind einfach außergewöhnlich, sehr freundlich und dankbar. Der tägliche Umgang mit ihnen ist einfach ein reines Glück. Ich kann mir kaum etwas Schöneres vorstellen"*, sagt die Frau, die die Rösser mit Heu aus den eigenen Feldern des Biosphärenreservats Nordvogesen versorgt.

Im Sommer sind die Tiere auf der Weide, im Winter geht es abends in den Stall. Positive Rückmeldung über das Nahrungsmittel erhält sie immer wieder von Ärzten, Krankenschwestern, Heilpraktikern und Patienten. Gerade bei Menschen mit einer Krebserkrankung und Chemotherapie wirke die Milch unterstützend und aufbauend. Auch Menschen, die unter Neurodermitis leiden, nutzen das Produkt, das ein hohes Gehalt an Eiweißen, Vitaminen und mehrfach ungesättigten Fettsäuren sowie eine nahe Verwandtschaft zur menschlichen Muttermilch aufweist. Allerdings hat die biodynamisch hergestellte Stutenmilch als Pulver, in Kapseln oder flüssig in einem Beutel auch ihren Preis und setzt ein entsprechendes Portemonnaie voraus. Die Pferdezüchterin stellt jedoch fest, dass immer mehr Menschen auf Prävention setzen, um ihre Abwehrkräfte zu stärken oder um auf den Stoffwechsel positive Effekte zu erzielen. *„Ich finde es wichtig, so ein altes Heilmittel wieder stärker in den Fokus zu rücken. Wir wollen ja alle weg von der Chemie. Dies ist ein Weg, sicherlich in sehr begrenztem Rahmen. Ich empfinde es jedoch als sehr befriedigend, wenn man ein klein wenig sein Scherflein dazu beitragen kann. Denn die Natur ist meines Erachtens immer noch unser bester Lehrmeister"*, sagt die Frau aus Paris, die ihr Glück in der lothringischen Provinz gefunden hat.

Einst war Fénétrange mit seinem historischen Stadtkern Garnisonsstadt.

Die Wendeltreppe von Fénétrange

- *Schlossturm mit skurriler Konstruktion aus dem 16. Jahrhundert*
- *Architektonische Meisterleistung der Renaissance*

Ein regelrechtes Unikum beherbergt das Städtchen Fénétrange nordwestlich von Saverne in seinem Chateau. Dort ist eine Wendeltreppe zu sehen, die einzigartig für Lothringen und das Elsass, wenn nicht gar für ganz Frankreich ist. Die Steintreppe hat nämlich keinen Stützpfeiler in der Mitte und schlängelt sich in einem Guss nach oben entlang des Turms. Zwar sieht das skurrile Gebilde auf den ersten Eindruck fragil und wenig vertrauenswürdig aus, aber es hat die Jahrhunderte doch ganz offensichtlich schadlos überstanden.

„Das ist absolut außergewöhnlich. Es gibt in ganz Europa nur wenige Wendeltreppen, die in so einer Konstruktion erbaut sind. Das ist eine erstaunliche architektonische Leistung seiner Zeit", erklärt Touristik-Führer Hamoud Soualmia, Lothringer mit algerischen Wurzeln. Mitte des 16. Jahrhunderts wurde die skurrile Wendeltreppe erbaut. Fénétrange war ursprünglich eine Pferderelaisstation der Armee.

Das ehemalige Garnisonsstädtchen mit seinen 700 Einwohnern hat seinen mittelalterlichen Stadtkern mit seinem Schloss und einer Stiftskirche bewahrt. Allerdings ist die historische Bausubstanz stark in die Jahre gekommen. Restauration und Pflege des Stadtkerns wurde eher vernachlässigt. Fénétrange wurde 1070 als „Vinstringen" erstmals urkundlich erwähnt, kam 1766 vom Heiligen Römischen Reich deutscher Nation zu Frankreich, von 1871 bis 1918 zum Deutschen Reich, ehe es 1919 wieder an Frankreich fiel.

Auf die einzigartige Spindeltreppe ist man in dem mittelalterlich befestigten Ort mit seiner zum Teil erhaltenen historischen Stadtmauer stolz. *„So ein Gebilde sieht man ja sonst kaum. Das ist sehr selten. Es ist fast schon wundersam konstruiert, eine echte Rarität"*, so der Mann, der ursprünglich aus dem Maghreb stammt und seit vielen Jahrzehnten in den Nordvogesen lebt. Zuweilen führt er Besucher für das office de tourisme als Nachtwächter durch das historische Städtchen südlich von Sarre-Union.

Schloss fénétrange, Kontakt über das Rathaus, 18 rue de l'Hôtel de Ville
fénétrange
✆ 00 33 / 3 87 07 60 04
si.fenetrange@orange.fr
Öffnungszeiten: 1. Juni – 30. September: Mi. – Sa. 13 – 17 Uhr, Fr. und So. 14 – 17 Uhr, Gruppenführungen möglich

Fast mutet die Treppe aus dem 16. Jahrhundert je nach Blickwinkel wie ein Schneckenhaus an.

Der Schlossturm mit seiner eigenartigen Konstruktion, die es seinerzeit sehr selten gab.

Die Wendeltreppe des Chateaus kommt ohne Stützpfeiler aus und windet sich kühn nach oben.

Das den Ort prägende Wasserschloss wurde im 12. Jahrhundert erbaut und nach einem Großbrand im 16. Jahrhundert gänzlich neu errichtet. Aus jener Epoche entstammt auch die spektakuläre Wendeltreppe, die je nach Perspektive wie ein Schneckenhaus anmutet und sich ohne Stützbalken kühn emporschwingt. Im 18. Jahrhundert wurde das Chateau aufwendig klassizistisch erweitert. Das Wasserschloss von Fénétrange enthält zudem eine sehr sehenswerte gotische Kapelle.

Das „Maison Alexandre" in der Hauptstraße von Boulay-Moselle ist bei Macarons-Fans weltweit beliebt.

Im Königreich der Macarons

- *Das beliebte Konfekt wird zu jeder Jahreszeit genossen*
- *Rezept stammt ursprünglich aus Boulay-Moselle*

Konditor Jacques Alexandre befindet sich in bester Gesellschaft. General de Gaulle mochte sie, Kaiser Wilhelm II. auch. *„Das ist eben ein tolles Produkt und ich bin sehr stolz darauf, es zu herzustellen"*, sagt der Inhaber von „Maison Alexandre" in Boulay-Moselle, und fügt hinzu: *„Mein Motto lautet. Jeden Tag nur eine. So hält man das Gewicht. Ich zumindest"*, meint er mit Augenzwinkern. Man glaubt es ihm. Denn der Confiseur ist gertenschlank und ständig in seinem Ladenlokal (rund 40 Autominuten westlich von Saargemünd) unterwegs.

Die Rede ist von Macarons, die sich nicht nur in Frankreich größter Beliebtheit erfreuen. Wie zum Beweis zeigt der 52-Jährige auf Pakete, die er heute noch verschicken muss. Die gehen ziemlich weit weg: nach Tokio, New York oder Tel Aviv. Wie die Menschen von so weit her auf den Geschmack gekommen sind? Alexandre zuckt die Schulter. *„Keine Ahnung, die wissen eben, was gut ist"*, fügt er schelmisch hinzu. Schon wenn man das Städtchen an der Mosel anfährt, wird einem bereits am Ortsschild deutlich gemacht: Boulay - die Heimat der Macarons. Das behauptet zwar Nancy auch von sich. Aber das stört in der Gemeinde, die man erreicht - nachdem man durch eine sanfte Hügellandschaft mit immergrünen Wiesen gefahren ist - kaum jemanden. Es ist eben ein echtes Lothringer Produkt. Erstmals soll es in Lunéville eingeführt worden sein, als Karl III., Herzog von Lothringen, Claude de France heiratete. Ursprünglich ist die Dauerbackware dem Wortstamm nach jedoch venezianischen Ursprungs (macarone). Einer weiteren Legende nach soll sie 1793 von zwei Benediktinerinnen in Nancy erfunden worden sein, die seitdem „Soeurs Macarons", die Makronen-Schwestern, genannt werden.

Jacques Alexandre hat aber eine eigene Geschichte parat. Schließlich stammt er aus Boulay. So soll 1854 speziell auf Wunsch eines Kunden ein einzigartiges Rezept von Mandel-Macarons in dem Ort in Moselle vom Patissier Bines Lazard entwickelt worden sein. *„Dieses Gebäck wurde im Laufe der Zeit zu einer echten Spezialität unserer Stadt. Das Geheimnis der*

Maison Alexandre, 13, rue Saint-Avold, Boulay (zwischen Saarbrücken und Metz, nördlich der A4).
Übliche Ladenöffnungszeiten mit Mittagspause, Mo. 9 - 12 Uhr geschlossen, So. 9 - 12 Uhr geöffnet
www.macaronsdeboulay.com (inkl. Onlineshop)

Jacques Alexandre ist stolz auf seine traditionelle Backkunst und die Macarons aus Boulay.

Alles handgemacht: das Konfekt, das lediglich aus Mandeln, Zucker und Eiweiß besteht, wird verpackt.

Zubereitung wurde streng gehütet und von Generation zu Generation weitervererbt, bis es 1963 der Familie Alexandre anvertraut wurde. Genau, an uns! Wir hüten es und stellen die Backware exakt nach diesem Rezept her", betont der 52-Jährige und hat schon einen Sack Mandeln zur Hand. Er greift hinein, lässt sie durch seine Hände gleiten und sagt: *„Die Mandel, die wir aus Spanien beziehen, ist die Basis unseres Produkts. Hinzu kommt Zucker und Eiweiß, mehr nicht. Das alles wird exakt dosiert, der Teig anschließend mit Hilfe eines Löffels auf das Backblech gesetzt"*, erklärt der umtriebige Inhaber. Und ehe man sich versieht, ist probieren angesagt. Sehr lecker zweifellos, aber auch etwas irritierend. Denn eigentlich verbindet man ja einen Kokosgeschmack mit dem Konfekt. *„Das ist ein großer Irrtum. Die Deutschen machen so etwas. Wir nicht. Auch in Paris gibt es eine viel süßere Variante, als wir sie hier produzieren. Aber wir halten uns eben an das Original-Rezept. Das wissen unsere Kunden zu schätzen"*, sagt der Konditor, der sich nach einigen Jahren in der Stahlindustrie in Lille seiner wahren Passion verschrieben hat.

In dem gemütlichen Ladenlokal mit angeschlossener, winziger Backstube bimmelt es ständig. Die Menschen decken sich mit den Backwaren ein. Einer kam eigens aus Straßburg. *„Ich war gerade in der Gegend, da habe ich gedacht, ich schaue mal vorbei. Ich mag die einfach, die sind nicht so süß"*, gesteht er lachend. Mit einem weiteren Irrtum räumt der Inhaber des Geschäfts in der Hauptstraße des 5 000 Einwohner zählenden Städtchens im Übrigen auch gerne auf. Wer denkt, das Konfekt wird nur um die Weihnachtszeit verköstigt, der täuscht sich. *„Sicher, um diese Zeit machen wir erhöhten Umsatz, aber eigentlich nicht so viel mehr als sonst im Jahr. In Frankreich werden Macarons zu jeder Jahreszeit gegessen."*

Etwa 450 000 Makronen stellt der Meister pro Jahr her, die Zahl hat er schnell parat. Verkaufsstellen hat Monsieur Alexandre neben seinem Ladengeschäft unter anderem in Feinkost-Geschäften in Metz, Epinal, Nancy, Thionville oder in Paris („direkt am gare de l'est, das läuft sehr gut"). Auch das Internet ist eine wichtige Vertriebsquelle. Eines ist dem Lothringer ganz wichtig: *„Das ist alles reine Handarbeit. Über die Jahrhunderte hat sich da kaum etwas verändert. Man muss die Tradition respektieren, um ein echtes Qualitätsprodukt herzustellen. Es ist zwar ein einfaches Rezept, aber dennoch benötigt man Raffinesse und viel Übung. Wir sind die Einzigen, die das heute noch so machen. Es ist einfach magisch, es ist mein Leben. Ich liebe es wie am ersten Tag"*, sagt der ebenso drahtige wie jung gebliebene „Meister der Makronen" im Brustton der Überzeugung.

Im gesamten Haus ist auf mehreren Etagen die Kollektion verteilt.

Grandseigneur der Backrezepte

Pierre Wolf hat die größte Sammlung von Confiserie- und Patisserie-Büchern Frankreichs

Wie viele Back- und Kochbücher für Desserts und Gebäck er hat? Pierre Wolf kann dies aktuell nur schätzen, er habe sie schon eine Weile nicht mehr gezählt. Aber es seien weit mehr als 3000 Exemplare. Damit habe er die größte private Sammlung von Confiserie-Büchern in ganz Frankreich, sagt der 45-Jährige nicht ohne Stolz. Und: *„Ich greife jeden Tag darauf zurück, wenn ich bestimmte Rezepte suche."* Man glaubt ihm die stattliche Bücherzahl gerne. In seinem Haus in Saargemünd ist jede Ecke, jeder Winkel, mit Bücherregalen bestückt. Selbst im Schlafzimmer und im Kleiderschrank hortet er seine bibliophilen Schätze. Sogar einen Tresor gibt es, in dem die wertvollsten historischen Exemplare untergebracht sind. Konzeptionell ist seine Kollektion nach Themengebieten und Ländern geordnet.

„Ich habe Backbücher, die sind noch vor der Französischen Revolution erschienen. Etliche wurden im 19. Jahrhundert publiziert. Ich liebe einfach die Vielfalt dieser Rezepte. Die meisten sind ja längst vergessen. Wenn ich dann ein altes Rezept ausfindig mache, ist das sehr erfüllend", sagt der Lothringer, der nicht einfach nur Sammler ist, sondern auch ein hoch dekorierter Patissier. Im Flur seiner Wohnung hängen mehr als zwei Dutzend gerahmte Auszeichnungen, Zertifikate und Ausbildungsabschlüsse. *„Ich bin ausgebildeter Patissier, Chocolatier, Confiseur und Boulanger"*, sagt Wolf. Was es an Weiterbildungsmöglichkeiten in diesen Berufszweigen in seinem Heimatland gibt, hat er ausgeschöpft. Viel mehr geballtes Fachwissen kann man sich wohl kaum aneignen.

Wolf selbst entstammt einer Familie von Bäckern. Sein Vater hatte eine Boulangerie im nahen Rohrbach-lès-Bitche. Aber das Geschäft einfach nur übernehmen, das wollte der Junior damals nicht. *„Ich wollte die Welt sehen und meine Kenntnisse in Süßspeisen perfektionieren"*, erklärt er. Zu einem früheren Lehrmeister hatte es Pierre Wolf nicht gar so weit. In der hoch dekorierten Patisserie von Daniel Rebert in Wissembourg war er unter anderem zugange. Als Assistent war er auch schon mal für die Desserts bei einem Empfang des französischen Verteidigungsministeriums in Paris zuständig. Neben Frankreich arbeitete er vor allem in Japan. So findet man auch recht viele Rezeptbücher aus Asien in seinen Bücherregalen. Viele auch aus Deutschland.

i

Kontakt zu Pierre Wolf über Patisserie Stenger, 166 rue de maréchal foch, Saargemünd.
✆ 00 33 / 3 87 95 08 68
oder Pierre Wolfs facebook-Seite:
www.facebook.com/pierre.wolf.7169

Zu Beginn seiner Tätigkeit als Konditor hätten ihm die Bücher den Zugang zu seinem Beruf erleichtert. Er habe viel über Rohstoffe, Produktion und Backtraditionen lernen können. Was ihn an seinem Metier am meisten fasziniert? *„Ich liebe es, neue Texturen und kleine Geschmacksexplosionen zu kreieren. Mich begeistern Transformation und Kombination: von Früchten mit Schokolade oder von Birne beispielsweise mit Rotwein – es gibt unendlich viele Möglichkeiten."* Eine eigene Patisserie betreibt Pierre Wolf nicht. Aber dennoch widmet er quasi jede freie Minute seiner süßen Passion. Wolf ist Lehrer an einem gastronomischen Fach-Gymnasium in Saargemünd und schult den Nachwuchs in Sachen Gebäck, Schokolade und Pralinés.

Und er hat einen Bruder im Geiste. Der 26-jährige Jonathan Stenger betreibt in Saargemünd in vierter Generation eine Patisserie. Gemeinsam mit seinem Mentor probiert der junge Mann immer wieder längst vergessene Rezepte aus. *„Pierre hat mich mit seiner Sammelleidenschaft angesteckt. Mittlerweile habe ich etliche Bücher zu der Thematik. Aber vor allem die Praxis ist interessant, wenn wir gemeinsam etwas ausprobieren."* In der blitzblanken Produktionsküche der Patisserie Stenger werden immer wieder verschiedene Rezepte miteinander kombiniert. Viele Saarländer und Pfälzer kaufen bei ihm Baguettes, Tartes oder Croissants. Auf rund zwei Drittel schätzt der Geschäftsin-

Kleine Auswahl: In seinem Haus in Saargemünd stapeln sich die Koch- respektive Backbücher.

haber die Kundschaft aus dem Nachbarland, speziell am Wochenende. Ebenfalls auf Wohlwollen mit seiner Passion stößt Wolf bei seiner Frau Sandra. *„Ich habe mich längst daran gewöhnt, ich kenne es ja nicht anders. Es ist immer wieder schön, wenn wir Ausflüge machen und dann in der einen oder anderen Confiserie Halt machen. Es ist ja ein zuckersüßes Hobby"*, sagt die Gattin lächelnd.

Rund zwei Stunden täglich widmet sich der 45-Jährige seiner Sammlung. Er recherchiert alte Rezepte, fahndet nach neuen und alten Büchern und steht in Kontakt mit diversen Antiquariaten. Natürlich ist er auch online auf Schatzsuche. Oft ist er an Wochenenden mit seiner Frau auf Flohmärkten unterwegs und sucht alte Bücher. Aber Wolf kommt es nicht auf die schiere Masse an. *„Es müssen schon Rezepte von Profis sein. Und es muss etwas Innovatives drinstehen. Wenn dies der Fall ist, kann ich allerdings kaum widerstehen."* Natürlich stellt sich die Frage, ob jemand, der so viel Wissen über „süße Sünden" und Desserts besitzt, nicht selbst einmal zur Feder greifen will. Er habe schon mal als Co-Autor bei einem Buch mitgearbeitet, aber ein eigenes Buch wäre natürlich ein Traum. Derzeit fehle ihm etwas die Zeit dafür. Aber natürlich schmiedet er bereits Pläne in diese Richtung. Nun steht erstmal die Kreation einer Tarte au citron in Stengers Küche auf der Agenda. Die Praxis hat für den Chef Patissier und Genießer vor der Theorie erst einmal Vorrang.

Mit Jung-Konditor Jonathan Stenger probiert Chef-Patissier Pierre Wolf (li.) immer wieder Rezepte aus.

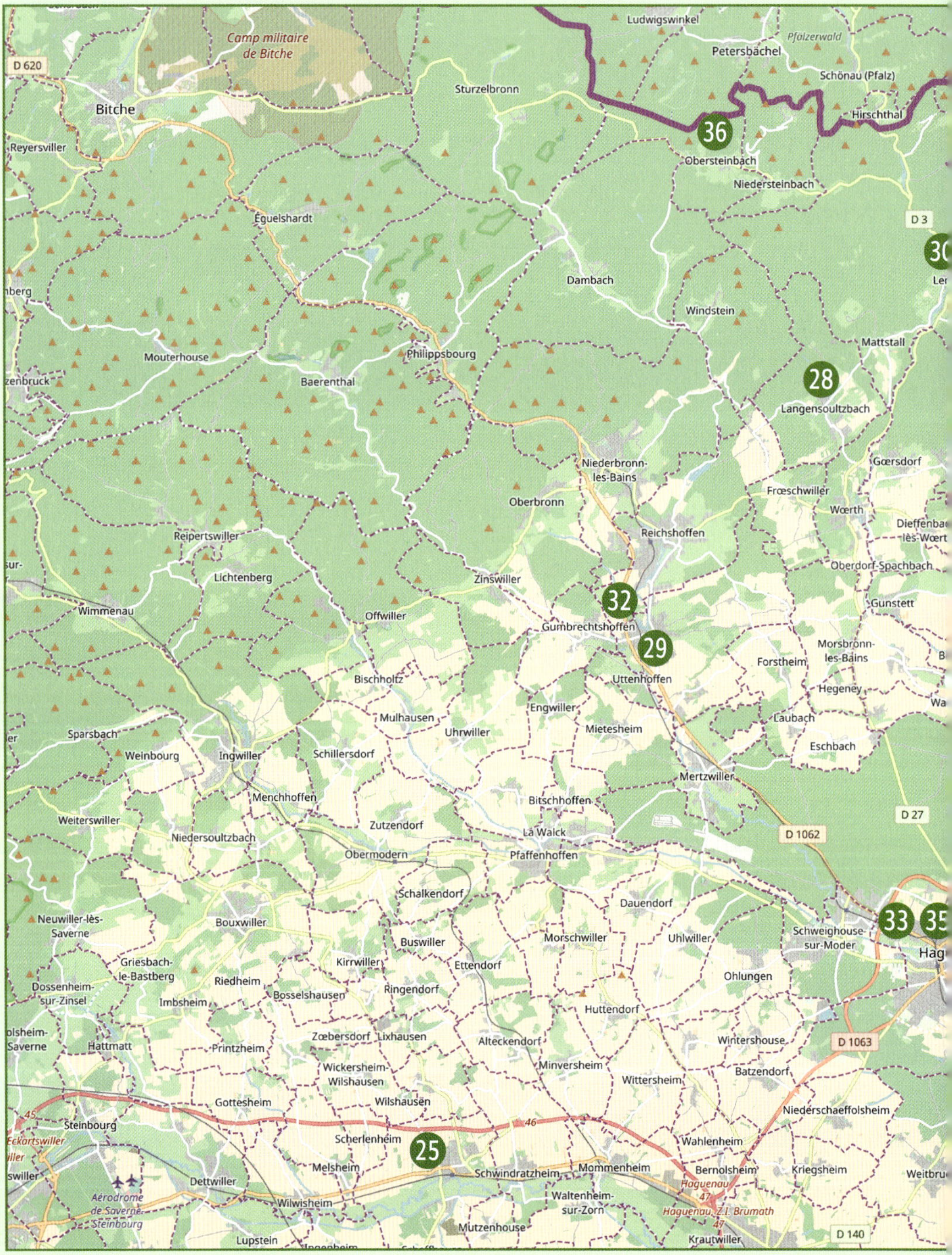

Camp militaire de Bitche
D 620
Bitche
Reyersviller
Ludwigswinkel
Petersbächel
Pfälzerwald
Schönau (Pfalz)
Hirschthal
Sturzelbronn
36
Obersteinbach
Niedersteinbach
D 3
Éguelshardt
Dambach
Windstein
Mattstall
Mouterhouse
Philippsbourg
Baerenthal
28
Langensoultzbach
Niederbronn-les-Bains
Gœrsdorf
Frœschwiller
Wœrth
Oberbronn
Reichshoffen
Reipertswiller
Oberdorf-Spachbach
Lichtenberg
Zinswiller
32
Gunstett
Wimmenau
Offwiller
Gumbrechtshoffen
29
Morsbronn-les-Bains
Forstheim
Bischholtz
Uttenhoffen
Hegeney
Engwiller
Mulhausen
Uhrwiller
Mietesheim
Laubach
Sparsbach
Eschbach
Weinbourg
Ingwiller
Schillersdorf
Mertzwiller
Menchhoffen
Bitschhoffen
D 27
Weiterswiller
Zutzendorf
D 1062
Niedersoultzbach
La Walck
Obermodern
Pfaffenhoffen
Schalkendorf
Dauendorf
33
35
Neuwiller-lès-Saverne
Bouxwiller
Schweighouse-sur-Moder
Buswiller
Morschwiller
Uhlwiller
Griesbach-le-Bastberg
Kirrwiller
Ettendorf
Ohlungen
Riedheim
Dossenheim-sur-Zinsel
Bosselshausen
Ringendorf
Imbsheim
Huttendorf
Zœbersdorf
Lixhausen
Alteckendorf
Wintershouse
D 1063
Hattmatt
Printzheim
Minversheim
Wickersheim-Wilshausen
Batzendorf
Wittersheim
Gottesheim
Wilshausen
Niederschaeffolsheim
45
Steinbourg
46
Scherlenheim
Wahlenheim
25
Melsheim
Schwindratzheim
Mommenheim
Bernolsheim
Kriegsheim
Dettwiller
Aérodrome de Saverne-Steinbourg
Haguenau
47
Waltenheim-sur-Zorn
Wilwisheim
Haguenau, Z.I. Brumath
Mutzenhouse
Lupstein
Krautwiller
D 140

Nordelsass

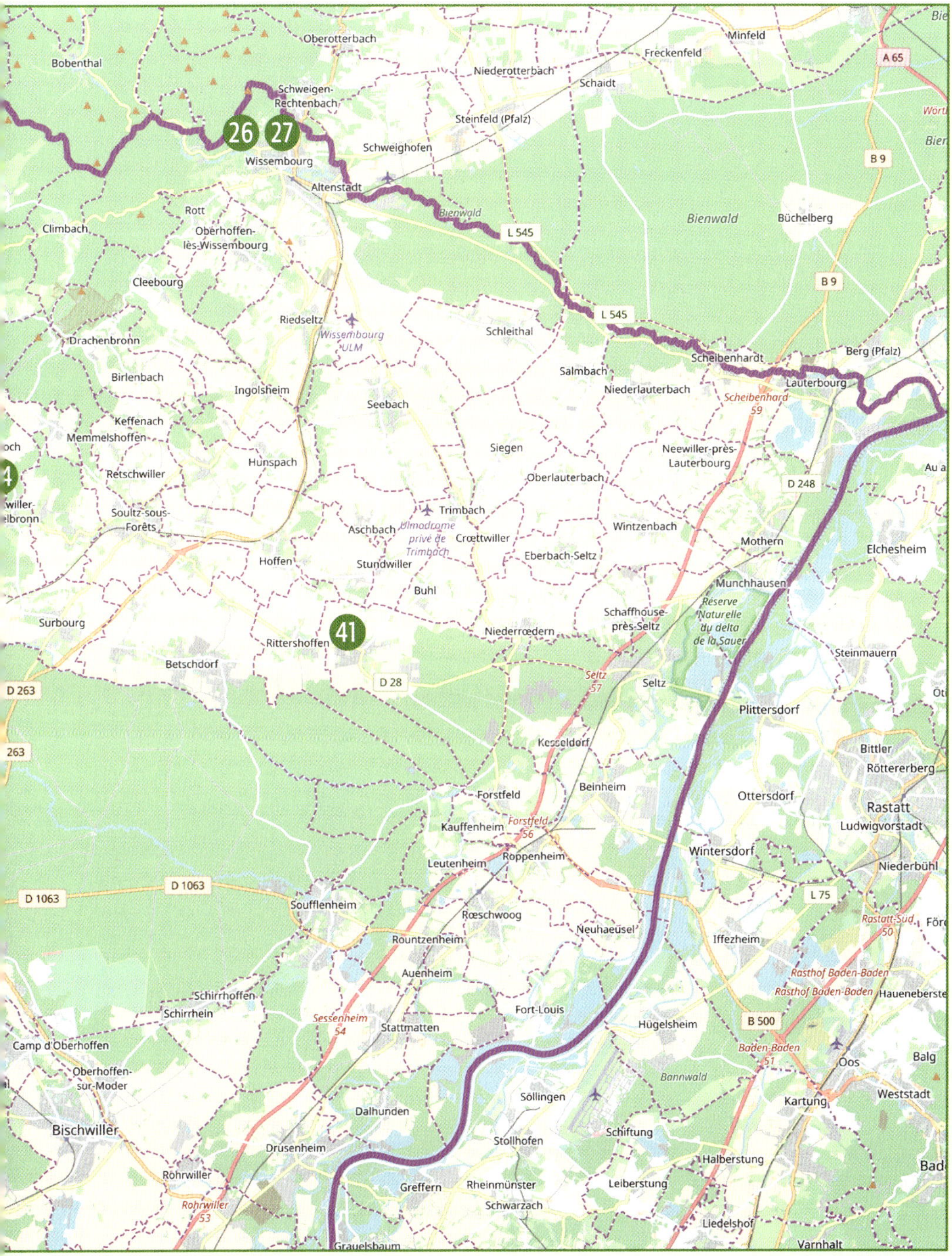

Oberotterbach
Bobenthal
Minfeld
Freckenfeld
A 65
Niederotterbach
Schaidt
Schweigen-Rechtenbach
26
27
Steinfeld (Pfalz)
Schweighofen
Wissembourg
B 9
Altenstadt
Bienwald
L 545
Rott
Climbach
Oberhoffen-lès-Wissembourg
Büchelberg
Cleebourg
Riedseltz
Wissembourg ULM
Schleithal
Drachenbronn
Scheibenhardt
Berg (Pfalz)
Salmbach
Birlenbach
Lauterbourg
Ingolsheim
Niederlauterbach
Scheibenhard 59
Seebach
Keffenach
Memmelshoffen
Siegen
Neewiller-près-Lauterbourg
Hunspach
Retschwiller
Oberlauterbach
D 248
Trimbach
Soultz-sous-Forêts
Aschbach
Ulmodrome privé de Trimbach
Crœttwiller
Wintzenbach
Mothern
Elchesheim
Eberbach-Seltz
Hoffen
Stundwiller
Munchhausen
Buhl
Réserve Naturelle du delta de la Sauer
Schaffhouse-près-Seltz
Surbourg
41
Niederrœdern
Rittershoffen
Steinmauern
Betschdorf
D 28
Seltz 57
D 263
Seltz
Plittersdorf
263
Kesseldorf
Bittler
Röttererberg
Beinheim
Forstfeld
Ottersdorf
Rastatt
Ludwigvorstadt
Kauffenheim
Forstfeld 56
Wintersdorf
Leutenheim
Roppenheim
Niederbühl
D 1063
L 75
Soufflenheim
Rœschwoog
Rastatt-Süd 50
Neuhaeusel
Iffezheim
Rountzenheim
Auenheim
Rasthof Baden-Baden
Schirrhoffen
Schirrhein
Fort-Louis
Sessenheim 54
Stattmatten
Hügelsheim
B 500
Camp d'Oberhoffen
Baden-Baden 51
Oos
Balg
Oberhoffen-sur-Moder
Bannwald
Söllingen
Kartung
Weststadt
Dalhunden
Bischwiller
Schiftung
Stollhofen
Drusenheim
Halberstung
Rohrwiller
Greffern
Rheinmünster
Leiberstung
Schwarzach
Rohrwiller 53
Liedelshof
Grauelsbaum
Varnhalt

Valentine Fritsch ist für das neue Museum im Ortskern von Hochfelden zuständig.

Die älteste Brasserie Frankreichs

- *Traditionsmarke „Meteor" eröffnete 2017 Museum in einstiger Direktorenvilla*
- *Unabhängiger elsässischer Bier-Produzent in achter Generation*

Auf eine lange Tradition kann die Brauerei Meteor in Hochfelden zurückblicken. 1640 wurde das Unternehmen in der Nähe von Saverne gegründet. Das macht die Brasserie zur ältesten Frankreichs und zu eine der letzten großen unabhängigen Brauereien des Landes. Denn nach wie vor befindet sich Meteor in Familienbesitz. Patron ist Michel Haag - und das bereits seit 1975. Sein Sohn Edouard Haag (verantwortlich für die Finanzen) repräsentiert bereits die achte Generation der elsässischen Brauer-Dynastie. *„Das ist eine Tradition, auf die wir sehr stolz sind"*, betont Valentine Fritsch. Sie ist für das Museum in der „Villa Meteor" zuständig, das Anfang 2017 seine Pforten öffnete.

Rund 1,7 Millionen Euro investierte die Familie in das Konzept. Rund drei Jahre lang wurde geplant, wie das feudale Anwesen der ehemaligen Direktorenvilla in Szene gesetzt wird. Der Familienbetrieb selbst produziert heute etwa 500 000 Hektoliter pro Jahr und erwirtschaftet mit seinen 200 Mitarbeitern 42 Millionen Euro Umsatz jährlich. Zu den Absatzmärkten außerhalb von Frankreich zählen unter anderem Italien, Spanien, England, die Schweiz und Großbritannien. Im Elsass ist Meteor neben Kronenbourg die beliebteste heimische Marke. Die Brauerei in Hochfelden war im Übrigen die erste in Europa, die außerhalb Tschechiens die Sorte Pils anbot und dafür eigens die Erlaubnis der tschechischen Behörden erhielt (1920).

Pils ist nach wie vor das Markenzeichen des Unternehmens. Längst werden jedoch auch andere Sorten in der Brasserie im pays de la Zorn gebraut. Das neue Museum befindet sich direkt neben dem Brauereigelände, das zentral im Ort liegt. *„Die Infotafeln sind neben Französisch auch auf Deutsch und Englisch. Uns ist es wichtig, den gesamten Brauvorgang sowie die Geschichte der Familie anschaulich darzustellen"*, erläutert Valentine Fritsch. In der Villa selbst empfangen einen Patron Michel Haag und seine Gattin Yolande in „Lebensgröße" in einem filmischen Porträt. Vor allem auf die Genealogie wurde bei der Konzeption einiges Gewicht gelegt. Anhand eines Stammbaums im Foyer sind alle

Museum Villa Meteor, 6 rue de Général Lebocq, Hochfelden,
Hauptsaison: Juni, Juli, August, September und Dezember jeweils 10 - 18 Uhr geöffnet.
Nebensaison siehe www.brasserie-meteor.fr
✆ 00 33 / 3 88 02 22 22

Ein historischer Kühlwagen der Brauerei im Brasserie-Restaurant.

Das frühere Arbeitszimmer des Patrons Michel Haag in der Direktorenvilla.

wichtigen Daten und sämtliche Braumeister der Dynastie akribisch aufgeführt. 1640 wurde die Brauerei einst von Jean Klein gegründet, exakt am selben Ort wo heute noch die Produktion stattfindet. 1844 kaufte der Brauer Martin Metzger aus Straßburg das Unternehmen. 1898 erstand schließlich Braumeister Louis Haag den Betrieb, zwei Dekaden später erfolgte die Umbenennung in „Meteor". Zuvor hieß das Unternehmen schlicht „Louis Haag, Metzger et compagnie". In der Villa sind der Salon und das Arbeitszimmer des Brauerei-Chefs zu besichtigen. Ausführlich wird der Brauvorgang anhand von Schautafeln und diversen Utensilien erläutert.

An der Infostation „Von der Gerste bis zum Malz" erfährt der Besucher, dass beim Mälzen das Gerstenkorn keimt und dabei Enzyme erzeugt, welche die Umwandlung der Gerstenstärke in vergärbare Zuckermodule ermöglicht. Es wird zwischen zwei Arten der Gärung unterschieden. Einmal die Untergärung (zwischen 9 und 12 Grad) für „Lagerbiere" sowie die Obergärung. Sie ist die ältere Methode und erfolgt bei einer Temperatur von etwa 22 Grad. Die Filtration sorgt dafür, dass das Bier klar wird. Dazu verwendet der Braumeister einen Filter mit fossiler Tonerde. *„Zu 95 Prozent nutzen wir Hopfen aus elsässischem Anbau. Das bürgt für Qualität und einen regionalen Ansatz"*, erklärt Fritsch. Der restliche Prozentsatz stammt aus Tschechien. Für einen Hektoliter Bier sind rund 150 Gramm Hopfen vonnöten. Im Gärkeller des Familienbetriebs befinden sich mehrere Tanks, die jeweils rund 4 000 Hektoliter fassen.

Einen Einblick erhält man auch in das Sudhaus mit den zwei großen Sudkesseln. Neben dem traditionsreichen Pils werden Spezialbiere wie Weißbiere, Fruchtbiere, dunkles Malzbier oder Klosterbräu abgefüllt. Bekannt ist Meteor jedoch vor allem für seine prägnante 0,25 Liter Flasche Pils, für die „Meteor" diverse Auszeichnungen erhielt und im Grunde fester Bestandteil eines jeden Dorffests im Elsass ist. Das Museumsareal umfasst insgesamt 15 Stationen, die unter anderem Hopfenfeld, Getreidespeicher oder den Ehrenhof vor der Villa umfassen.

Am Ende der Tour geht es schließlich zur Verkostung ins Brauerei-Restaurant, wo man sich das eine oder andere Bierchen munden lassen kann. Vor dem Ausgang durchschreitet der Besucher die Museumsboutique. Und hier gibt es natürlich allerhand rund um die Marke Meteor zu erstehen. Emailleschilder und Plakate mit Firmenwerbung aus alten Zeiten, Gläser in allerlei Formen mit dem prägnanten Logo sowie reichlich Gerstensaft. Auch manch Kurioses ist dabei, beispielsweise Bier, das mit foie gras angereichert wurde. Selbst Konfitüre mit Pils aus hauseigener Produktion oder Schokolade mit Starkbier lässt sich dort erstehen.

Ein Gesellschaftsspiel um den alten Bahnhof von Wissembourg, hergestellt von der Druckerei Wentzel.

Eine Folterszene aus dem arabischen Raum auf Steindruck.

Die große Zeit der Bilderbögen

- *Lithographien der Druckerei Wentzel gingen um die Welt*
- *Blütezeit im 19. Jahrhundert*
- *Vorläufer der Comics*

Epinal in den Vogesen ist als Zentrum der Bilderbogenherstellung in ganz Frankreich bekannt. Heiligenbilder, Erklärstücke oder Märchen fanden Abnehmer rund um den Globus. Einen großen Anteil an der auf Steindruckverfahren (Lithographie) basierenden Bilderbogenproduktion im 19. Jahrhundert hatte jedoch auch das nordelsässische Wissembourg. Allerdings liegt das Städtchen in der heutigen Wahrnehmung in jenem Sujet im Schatten von Epinal. Dabei lieferte die Druckerei Wentzel rund 100 Jahre lang seit ihrer Gründung 1835 (sowie ihre Nachfolger Burckardt, Ackermann, Muller) Bilderbögen in die ganze Welt. Selbst auf Hebräisch und Arabisch wurden die Bilder mit ihren kurzen Texten übersetzt. Die farbenfrohen Lithografien waren das Massenmedium des 19. Jahrhunderts, in denen Themen aller Art für ein breites Publikum angeboten wurden. Aktualitätsbögen informierten über die neuesten Nachrichten, Genredarstellungen schmückten die Wohnzimmer, Schlachtenbögen berichteten vom Krieg und Kinder erfreuten sich an Ausschneidebögen.

Zum Portfolio im Nordelsass zählten speziell Heiligenbilder und Fürstenporträts. Das bunte Spektrum der Produktion kannte kaum Grenzen. Um 1860 zur Blütezeit beschäftigte Gründer Jean Frédéric Wentzel rund 200 Drucker und Koloristen. Warum die Lithographien Wentzels aus französischer Sicht allmählich aus dem Blickfeld rückten, liegt auf der Hand. *„1871 kam das Elsass unter deutsche Herrschaft. Der Markt in Frankreich ging damit verloren. Zudem liegt Wissembourg an der Peripherie im Norden. Heutzutage hat Epinal mit der Imagerie ein großes Museum. In Wissembourg gibt es nichts dergleichen. Das ist schade. Denn die Qualität des Steindrucks aus Wissembourg war außergewöhnlich"*, sagt Guy Tinsel, Druckerei-Experte aus Souffelweyersheim bei Strasbourg, der der Vereinigung „Espace Européen Gutenberg" angehört.

Damit sich das ändert und auch Jean Frédéric Wentzel seinen gebührenden Platz wiederfindet, macht sich der Verein „Les Amis du Musée Westercamp" in Wissembourg stark. Zwar gibt es bereits Stücke zu dem einflussreichen Drucker im Museum in dem pittoresken Touristenstädtchen. Al-

i

Musée Westercamp, 3 rue du Musée, Wissembourg.
✆ 00 33 / 3 88 54 28 14
www.amis-musee-westercamp-wissembourg.org

Léon Ederlé und Angéle Bastian von „Les amis du musée Westercamp".

Gambrinus und Pierrot als Wandbilder in trauter Eintracht.

Märchen und Fabeln als Papierbögen waren weit verbreitet und bildeten die Vorläufer für Comics.

lerdings: das Westercamp-Museum befindet sich seit 2003 in einer Art Dornröschenschlaf. Wegen maroder Bausubstanz und mangelndem Brandschutz ist es geschlossen. *„Wir geben die Hoffnung nicht auf, dass Wentzel in die Wahrnehmung zurückfindet. Es ist ja alles da. Im Keller des Wentzel-Nachfolgers Muller finden sich Pressen, Utensilien und Bilder“*, so Léon Ederlé, Vizepräsident der Museumsfreunde. Mit der früheren Sous-Präfektur vis-à vis der Abtei-Kirche ist bereits ein Objekt als neues Museum ins Blickfeld gerückt. *„Wir sind optimistisch, das Projekt bis Anfang 2019 zu realisieren. Wir hoffen auf politischen Rückenwind und sind recht zuversichtlich. Schließlich waren Wentzels Bilderbögen in ganz Europa bekannt“*, fügt er hinzu. Und weit darüber hinaus.

Vereinsmitglied Gerd Höltje hebt eine schwere Steindruckvorlage an. Darauf zu sehen: eine wüste Folterszene, beobachtet von osmanischen Herrschern. *„Der Radius Wentzels war enorm. Er reichte bis in den Orient. Es war die Druckqualität, die überzeugte. Wentzel hat Solnhofener Schiefer benutzt. Dabei handelt es sich um einen dichten, feinkörnigen Kalkstein, der Flüssigkeiten regelrecht aufsaugt und auch Lithographenschiefer genannt wird“*, berichtet Höltje. Auch in der Spiele-Produktion war Wentzel einst führend. Bestens informiert über den berühmten Sohn der Stadt ist Angéle Bastian. Sie weiß, dass die Bilderbögen einst von Hunderten fahrenden Händlern verbreitet wurden. 1867 öffnete Wentzel ein Büro in Paris. Auch Puppen gehörten zum Sortiment. *„Er erhielt 1835 das Patent für den Druck von Lithographien, 1851 die Erlaubnis für Texte. Obwohl er protestantisch war, druckte er Bilder für Katholiken. Mit dem Aufkommen der Photographie gelangten die Bögen jedoch immer mehr ins Hintertreffen“*, so das Mitglied der „Amis du Musée“.

Nach dem Tod Wentzels übernahm Georg Friedrich Camille Burckardt die Druckerei. Zu den passionierten Sammlern der Bögen zählt Liane Ulshöfer. Die pensionierte Französischlehrerin aus der Südpfalz ist von der Vielfalt der Sujets begeistert. Spezialisiert hat sie sich auf Märchen. Aber ob Papier-Aussteller für Jahrmärkte und Gasthäuser oder als moralisierende Erklärstücke für die ländliche Bevölkerung, die oft weder lesen noch schreiben konnte – die Funktion der Bögen war mannigfaltig. Ulshöfer deutet auf einen Steindruck, der eine errötende Magd auf dem Heuboden zeigt. Der Bursche entwischt im Hintergrund, die Hausherrin erwischt die beiden quasi in flagranti und tadelt sie. *„Manchmal haben die Bögen einen frivolen, zuweilen einen humorvollen oder erzieherischen Charakter. Gemeinsam ist allen die Schönheit der Darstellung“*, erläutert die Sammlerin. Und wenn man sich manche Bögen genauer anschaut, sind sie im Grunde die Basis für das heutige Genre der Comics.

Viele Tausend Arbeitsstunden sind zur Restauration der Vehikel vonnöten.

Last Exit Wissembourg

- *Ausrangierte Reisebusse in Museumsprojekt im Nordelsass*
- *Oldtimer-Enthusiasten restaurieren die Vehikel in Eigenregie*

Man muss schon ein wenig Fantasie haben. Und die hat Jean Louis Eschenlauer zweifellos. *„Hier soll ein Transportmuseum entstehen, das der jeweiligen Epoche und seinen damaligen Fahrzeugen Raum lässt. Ich stelle mir beispielsweise Szenen aus den 1930er Jahren vor – und als Glanzpunkt unser Citroen von 1932 oder einen Saurer von 1937, natürlich in besonderer Weise illuminiert."* Oder: Ein Omnibus um 1900 mit dem entsprechenden Jugendstil-Ambiente jener Zeit. Momentan herrscht jedoch noch etwas Tristesse in einer Industriebrache im idyllischen Städtchen Wissembourg. Rund 40 historische Busse vornehmlich aus Frankreich, aber auch aus den Nachbarländern, warten darauf, restauriert zu werden. Oftmals sind die Vehikel in einem bedauernswerten Zustand. Eschenlauer und seine Mistreiter haben die Oldtimer in allen Ecken Frankreichs entdeckt und per Tieflader ins Nordelsass verfrachtet. Auf rund 14 000 Quadratmetern fristen sie nun in der ausgedienten Fabrikhalle ihr Dasein. Vor einigen Jahren zogen die Omnibus-Enthusiasten mitsamt ihren Fahrzeugen aus einer Fabrikhalle im Töpferdorf Betschdorf nach Wissembourg um.

Eschenlauer ist Präsident der Vereinigung zur Erhaltung historischer Omnibusse – vernünftigerweise mit dem Zusatz auf seiner Visitenkarte eines „zukünftigen" Musée de L`autocar versehen. Rund 150 Mitglieder hat der Verein, vornehmlich aus Frankreich, aber auch aus Belgien, Deuschland oder Luxemburg. Sogar ein Liebhaber aus England ist unter den Förderern des Museumsprojekts. *„Hauptsächlich sind das Busunternehmer aus Frankreich und den angrenzenden Ländern. Es geht uns einfach darum, dieses historische Erbe zu bewahren. Da ist natürlich viel Nostalgie im Spiel. Wenn wir uns nicht drum kümmern, dann landen die Busse auf dem Schrottplatz – und das kann es ja nicht sein"*, meint der Omnibus-Fan, der schon als kleiner Bub von den Fahrzeugen begeistert war. Im Hier und heute ist der umtriebige 67-Jährige Direktor eines Citroen-Vertragshändlers

Das zukünftige Transportmuseum (derzeit befinden sich die Oldtimer-Omnibusse in einer ausgedienten Lagerhalle) ist an der Route de Lauterbourg (Hall Euromobile Est) im idyllischen Touristenstädtchen Wissembourg an der Grenze zur Pfalz.
Kontakt: Jean Louis Eschenlauer
✆ 00 33 / 6 20 40 94 66
www.autocarsanciensdefrance.fr
Gruppenführungen nur nach telefonischer Voranmeldungen (auf Deutsch) möglich.

Vereinspräsident Jean Louis Eschenlauer liebt die historischen Oldtimer-Omnibusse heiß und innig.

Mehr als 40 historische Omnibusse aus Frankreich und den Nachbarländern weist die Sammlung derzeit auf.

Altes Bushaltestellen-Schild in der Lagerhalle des Vereins in Wissembourg.

in Strasbourg. Eschenlauer schwebt eine *„Art Zeitreise im historischen Kontext mit pädagogischer Ausrichtung"* vor. Vor seinem geistigen Auge schleust er bereits jetzt unzählige Schulklassen durch das fiktive Museum. Letztlich will der Verein nicht kleckern, sondern klotzen. Das renommierte Automobil-Museum in südelsässischen Mulhouse mit seiner spektakulär in Szene gesetzten Sammlung zahlreicher Bugattis und weiterer Nobelkarossen aus vergangenen Jahren dient ihm nicht als Referenz.

Der Autohändler wünscht sich mehr visuelles Spektakel und geschichtliches Ambiente rund um das Automobil. *„Das soll nicht nur für Freunde des Omnibusses interessant sein, sondern auch für Frauen und Kinder."* Natürlich muss so ein Millionen-Projekt auch finanziell gestemmt werden. Mit dem Département Bas-Rhin und der Region Grand Est sei man im Gespräch. Auch auf EU-Gelder hofft der Vereinspräsident. Zudem will er Sponsoren für das Projekt begeistern. Schließlich könnte sich das Museum als Tourismus-Magnet für das gesamte Nordelsass erweisen, ist er sich sicher. Rund drei Millionen Euro müsste man nach seiner Schätzung in die Hand nehmen. *„Das könnte eine Lokomotive im Tourismussektor für die gesamte Region sein. Die Mühen wäre das wert"*, meint der Franzose. In jedem Falle: Die Vereinigung und seine Führungskräfte zählen nicht zur der Spezies, die die Hände in den Schoß legen und nur auf Finanzspritzen wartet. Schon jetzt betreibt man ordentlich Promotion für die ungewöhnliche Museums-Initiative. Dank einer Sonderlizenz werden einige der ausgedienten Reisebusse zu Geburtstagsfeiern, Jubiläen, Nostalgie-Fahrten oder speziellen Anlässen in Bewegung gesetzt. Zudem stecken die Ehrenamtlichen des Vereins etliche 1 000 Arbeitsstunden in die Restaurierung der Fahrzeuge. Wenn Eschenhauer durch die Halle schreitet, dann glänzen seine Augen.

Highlights der Sammlung sind neben dem Citroen und dem Saurer aus den 1930er Jahren ein Floirat aus den 1940er Jahren oder ein Berliet aus den 1950er Jahren. Etliche Fahrzeuge sind quasi die letzten ihrer Art. Permanent bekommen die Sammler weitere Vehikel aus ganz Frankreich angeboten. Die Liebe zum „Autocar" der Nordelsässer hat sich unter Busfreunden herumgesprochen. *„Wir sind im ganzen Land unterwegs, um das historische Erbe aufzuspüren und zu bewahren."* Und eines ist definitiv klar. Langweilig wird es dem Sekretär und den Vereinsmitgliedern auch in Zukunft nicht. Selektieren, transportieren, restaurieren, Gelder akquirieren und das gesamte Museums-Projekt in Gang bringen. Mit dem Enthusiasmus und der Akribie der Mitglieder von „Autocars anciens de France" sowie der Kommunikationsfähigkeit Eschenlauers könnte dies in eventuell sogar eines Tages klappen.

Die Nachbildung einer Jupitersäule mit originalem Sockel.

Vosegus – keltischer Gott des Waldes

■ *Museum beschäftigt sich mit keltischen und römischen Gottheiten in den Nordvogesen*

Einen Blick zurück in die reichhaltige Historie des Landstrichs wagt das Museum „Dieux, déesses et sanctuaires des Vosges du Nord" in Langensoultzbach. In der römischen Epoche gab einst auf dem Hügel, auf der heute die protestantische Dorfkirche steht, einen Tempel, der dem Gott Merkur gewidmet war. Etliche bearbeitete Steine, die man in Langensoultzbach ausgegraben hat, sind Bestandteil der Sammlung in der Kapelle. Beispielsweise sind dort zu sehen: der Sockel einer Jupitersäule, eine Stele mit den vier Gottheiten Juno, Herkules, Merkur und Minerva (Viergötterstein) oder ein Relief, welches Rosmerta, die gallische Göttin der Fruchtbarkeit gemeinsam mit Merkur zeigt. Sehr interessant ist auch eine Darstellung des keltischen Gottes Vosegus, Jäger und Beschützer des Waldes, der dem Mittelgebirge Vogesen einst seinen Namen lieh.

Ferner sind in dem Museum im Naturpark Nordvogesen unter anderem die Grabinschrift eines Offiziers der Römischen Legion ebenso wie die Miniatur-Kopie eines gallo-römischen Tempels zu sehen. Auch kann der Besucher illuminierte Darstellungen der in den Vogesen verehrten Gottheiten näher unter die Lupe nehmen. Eine Karte der archäologischen Ausgrabungen erleichtert die Orientierung. *„Es ist wichtig, über die Wurzeln unserer Zivilisation Bescheid zu wissen. Deshalb ist es uns ein Anliegen, die Historie zu bewahren und sie an nachfolgende Generationen weiterzuvermitteln"*, sagt Freddy Meyer, Vorsitzender des Heimatvereins Langensoultzbach, der das Museum in der Kapelle betreibt. Der Historiker kennt sich bestens mit der Geschichte der Kelten und Römer in seinem Heimatort aus. Niederbronn-les-Bains mit seinen Thermen und römischen Artefakten liegt direkt um die Ecke. Man befindet sich im Kernland der römischen Kultur und des keltischen Ursprungs. Der elsässische Geschichtsschreiber Jean Daniel Schoepflin hatte einst die römischen Stelen von Langensoulztbach in seinem Werk „Alsatia Illustrata" 1751 erstmalig erwähnt. Insbesondere die Darstellung des keltischen Waldgottes Vosegus ist eher selten.

i

Musée Dieux, déesses et sanctuaires des Vosges du Nord, Chapelle de l'Eglise Langensoultzbach (liegt zwischen Lembach und Niederbronn-les-Bains).
✆ 00 33 / 3 88 09 31 01
(deutschsprachige Führungen möglich)

„Im Zuge der Christianisierung wurden die keltischen Gottheiten in römische Götter transformiert. Auf den Tempel-Hügeln errichtete man Kirchen. Allein an der Karte mit den archäologischen Fundstellen wird einem bewusst, wie stark die Kulte in den Nordvogesen gepflegt wurden und Teil des Volksglaubens waren", erklärt der 55-Jährige. Die Jupitersäule zählt gemeinsam mit dem Merkurstein zu den wichtigsten religiösen Denkmälern der Region. *„Diese Relikte führen uns in die keltische Zeit und mit der Christianisierung in die Ära des Römischen Reiches. Das ist einfach nur beeindruckend"*, führt der Heimatvereinsvorsitzende fort. Die Mythologie, das geheimnisumwitterte Volk der Kelten und die römische Epoche hätten ihn seit jeher interessiert. *„Was wissen wir denn über die Kelten? Im Grunde nur, dass, was die römischen Geschichtsschreiber über sie aussagten. Sie waren begabte Kunsthandwerker, aber hin-*

In der Kapelle der früheren protestantischen Dorfkirche ist das historische Museum untergebracht.

terließen keine Schriftsprache. Deshalb müssen wir uns vieles zusammenreimen", so Meyer, der immer wieder Ausgrabungsstätten der keltischen und römischen Geschichte in ganz Europa besucht.

„Hier in den Nordvogesen kann man fast keinen Stein umdrehen, ohne irgendein Relikt aus der Kelten- oder Römerzeit zu finden", merkt er launig an. Neben dem Museum in der Kapelle besteht die Möglichkeit, einen historischen Spaziergang durch das Dorf und das umliegende Sauertal zu unternehmen. Der Heimatverein hat dafür eigens eine Karte aufgelegt, die in sechs thematische Haltepunkte angeordnet und mit Info-Tafeln (bilingual) ausgeschildert ist.

Eine Seltenheit – Sandsteinbildnis des Vosegus: keltischer Gott des Waldes und des Gebirges.

Eingangsportal des Museums der Gottheiten und Heiligtümer in den Nordvogesen.

Pittoresk: der Jardin de la ferme bleue“ in Uttenhoffen nordwestlich von Haguenau.

Blaue Oase im Nordelsass

- *Garten im „Bleue" der Hugenotten lockt nach Uttenhoffen*
- *Idyll der Gartenkunst*

Farbenfroh präsentieren sich die Fachwerkhäuser im Elsass seit jeher. Gänzlich in Blau zeigt sich dagegen Uttenhoffen im nördlichen Elsass. Vor allem der „Jardin de la ferme bleue" (Garten am blauen Bauernhof) ist ein echter Anziehungspunkt für Gartenfreunde. Das vorherrschende Blau des Ortes liegt darin begründet, dass Hugenotten im 17. Jahrhundert dort Zuflucht fanden. Und da die protestantischen Flüchtlinge zunächst bettelarm waren, konnten sie sich die übliche ockerfarbene und weiße Putzfarbe nicht leisten. Deshalb nutzten sie als Abfallprodukt kobaltblaue Farben, die damals noch toxische Substanzen enthielten. Die Farbe war im Übrigen bleihaltig und tötete die Fliegen scharenweise.

Etwas später, im 18. Jahrhundert, wurde das Dorf nordwestlich von Haguenau eines der reichsten seines Verwaltungsbezirks – dank des Fleißes der Hugenotten. Die Farbe blau (mittlerweile ohne giftige Substanzen) blieb jedoch weiterhin als traditionelles Wahrzeichen ihres protestantischen Glaubens erhalten. Das älteste Haus des Dorfes stammt aus dem Jahr 1648 und ist von einem schönen privaten Landschaftspark umgeben.

Der dort vom Gartenarchitekten Jean-Louis Cura und dem Designer Alain Soulier errichtete „Jardin de la ferme bleue" zieht immer wieder Besucher und Neugierige an. Ob im Gemüsegarten, im italienischen Garten oder Kristallgarten – in der Anlage, die geschmackvoll mit allerlei Trödel bestückt wurde, blüht das Herz des Gartenfreundes mächtig auf. Französische TV-Sender und regionale Zeitungen berichten immer wieder über die Gemeinde und die „blaue Oase" in den Nordvogesen, die ganz nebenbei auch noch die kleinste Kirche des Elsass beherbergt.

Im blauen Bauernhof mit samt seinem pittoresken Garten und dem Fachwerkensemble auf 1 700 Quadratmetern gibt es seit dem 30. April jeden Sonntag Brunch, zudem Bewirtung im Salon de Thé. Wechselnde Skulpturenausstel-

i

Jardin de la ferme bleue, 21 rue principale, Uttenhoffen.
✆ 00 33 / 3 88 72 84 35
www.jardinsdelafermebleue.com
Der Garten liegt an der Hauptstraße des Orts. Uttenhoffen befindet sich nordwestlich von Haguenau an der D1062. Übernachtung möglich.

Kobaltblau war die Farbe der Hugenotten, die einst im Elsass Zuflucht fanden.

Blick in den Jardin de la ferme bleue und seine Gartenkunst.

lungen finden dort ebenso statt wie Konzerte, folkloristische Veranstaltungen, die Vorstellung von Gartenkunst oder traditionellem Handwerk. *„Besucher sind jederzeit willkommen. Gartenkunst bedeutet im Grunde Erholung für alle Sinne"*, sagt Alain Soulier. Bemerkenswert ist auch die etwas exzentrische Sammlung von Lampenschirmen in dem Garten mit seinem zeitlosen Ambiente. Für Übernachtungen steht zudem ein Gästezimmer zur Verfügung.

Geöffnet ist der Garten in dem beschaulichen Ort täglich (außer Montag) von 12 bis 18 Uhr, sonntags von 10.30 bis 18 Uhr – jeweils vom 1. Mai bis 16. September eines Jahres geöffnet. Eintritt: 4 Euro (Erwachsene), 3 Euro (ermäßigt).Gruppen können einen Termin reservieren. Im Nachbarort Mietesheim befindet sich im Übrigen mit Raifalsa-Alélor der letzte Meerrettich- und Senfproduzent Frankreichs in Familienhand. Im Laden der Manufaktur mit einer langen Historie kann man sich mit hochwertigem Senf in verschiedenen Variationen eindecken (werktags von 8 bis 17 Uhr geöffnet, 4 Rue de la Gare, Mertzwiller-Mieteshim).

Die Betreiber der kleinen Oase: Jean-Louis Cura und Alain Soulier (re.)

Chretien Jaming produziert schmackhaftes Walnuss-Öl wie seine Vorväter in der alten Mühle.

Die alte Ölmühle von 1827

- *In den Nordvogesen wird Tradition in fünfter Generation fortgesetzt*
- *Walnuss-Öl von feinster Qualität*

Seit 1827 tut sie bereits ihren Dienst – die alte Ölmühle von Lembach-Pfaffenbronn. Chretien Jaming betreibt sie bereits in der fünften Generation. Und schon beim Betreten des dunklen Mühlraums mit dem markanten Kopfsteinpflaster fühlt man sich unwillkürlich in eine andere Zeit zurückversetzt. *„Früher sind hier noch die Pferde im Kreis gelaufen, um die großen Mahlsteine zu bewegen. Bis vor dem Krieg war das noch so. Heutzutage benutzen wir natürlich Motoren"*, erklärt Jaming, während er Walnüsse im Becken des Mühlsteins verteilt, fast entschuldigend.

Die beiden imposanten Mahlsteine – aus dem Sandstein der Vogesen gehauen – wiegen jeweils eine Tonne. Langsam arbeiten sie sich über die zerquetschten Walnüsse hinweg und bilden einen leichten Film auf dem alten Stein. Das außergewöhnliche Aroma des Walnuss-Öls, das Chretien Jaming und sein Neffe Jean-Georges in akribischer Handarbeit zubereiten, hat sich weit über die Grenzen der Nordvogesen herumgesprochen. *„Unsere Kundschaft kommt aus der Pfalz, dem Saarland, Baden oder der Region Straßburg. Es gibt ja nicht mehr so viele, die noch manuell ein derartig hochwertiges Speiseöl herstellen"*, erklärt der Landwirt.

Im Sommer ist er auf deutsch-französischen Bauernmärkten im Elsass und der Südpfalz vertreten, wo er sein feines Öl feilbietet. Auch mancher Küchenchef aus der Region vertraut auf das kalt gepresste Öl aus den Vogesen. Nach der Prozedur mit den Mahlsteinen wird die Walnuss-Masse auf 30 bis 40 Grad erwärmt. Mehr nicht. Anschließend wird es erneut mittels einer weiteren Maschine „hydraulisch kalt gepresst". 24 Tonnen wirken dann auf die Masse, die zuvor in Leinentücher gepackt wurde. *„Für mich es einfach schön, diese alte Tradition unserer Region und der Familie fortzuführen. Man benötigt dafür ein gutes Auge, viel Gefühl und Erfahrung. Es ist echte Handarbeit und man bekommt dafür natürlich ein qualitätshaltiges Produkt. Es gibt etliche Leute, die das noch zu schätzen wissen. Gott sei Dank"*, sagt Chretien Ja-

Die Moulin von Chretien Jaming liegt im Ortsteil Pfaffenbronn (etwas außerhalb vom Hauptort Lembach) an der rue 13, principale. Am Haus ist ein großes Schild angebracht. Führungen und Walnuss-Produktion finden nach Voranmeldung statt.
✆ 00 33/6 20 21 15 40
Auch spontane Käufe sind möglich. Honig und Rapsöl gibt es im Hofladen zudem.

Auf Märkten ist Jaming immer wieder unterwegs, um sein Öl feilzubieten.

ming, der auf seinem Hof – zwischen Bitche und Wissembourg gelegen – zudem als Imker arbeitet und Honig verkauft.

Vor rund 40 Jahren hatte er noch mit seinem Vater die alte Ölmühle restauriert und die hölzernen Zahnräder erneuert. Ansonsten tut das sandsteinbetriebene Mahlwerk seinen Dienst noch genauso wie vor fast 190 Jahren. Die Feinschmecker, die ihre Walnüsse abliefern, um später eine Flasche mit feinstem Öl für Salat-Saucen, Marinaden oder Pesto zu erhalten, können bei der ganzen Prozedur im Übrigen zuschauen. Etwa eine Stunde dauert es, bis rund 20 Kilogramm Wal- oder Haselnüsse flüssig gepresst in einer Dreiviertelliterflasche enden. *„Es hängt sehr viel von der Qualität der Nüsse ab. Gute Qualität erkenne ich sofort"*, sagt der bescheidene Mann, der hinzufügt, *„dass bei dem Naturprodukt kein Öl wie das andere schmeckt."*

In seinem Hofladen kann man verschiedene Variationen von „Moulin à huile" erstehen. Und auch die Kühe des Hofs im Lembacher Ortsteil Pfaffenbronn kommen nach dem Mühlvorgang zu ihrem Recht. Sie dürfen die hart getrocknete Teigmasse, den Nusskuchen, der nach der Pressung übrig bleibt, anschließend in aller Ruhe genießen. Da hat dann in der Tat jeder was davon.

Feines Walnuss-Öl aus den Nordvogesen.

Nicht nur Automobile und Räder, sondern auch Nähmaschinen stellte Peugeot her. Damit verdienten sich Frauen in Heimarbeit ein Zubrot.

Ein Radio der französischen Marke Oceanic aus den 1950er Jahren.

Geschichten aus dem alten Elsass

Museum „La Cour de Marie" in Hatten versetzt die Besucher zurück in vergangene Zeiten

Es ist zweifellos eine Überraschung, die man in einem Hinterhof von Hatten in der Nähe von Soultz-sous-Forets erlebt. Direkt an der Hauptstraße des nordelsässischen Dorfes befindet sich das Museum „La Cour de Marie", das von Natalie und Jean-Claude Freyermuth betrieben wird. Und in der Scheune des unscheinbaren Hofes hat das Paar allerhand Schätze aus der Vergangenheit gehortet. Ob historische Nähmaschinen, alte Solex-Mopeds, Traktoren, Radios, Kinderwagen von 1870, Landwirtschaftsmaschinen oder ein komplett eingerichteter Friseursalon aus den 1950er Jahren - hier wurde mit viel Liebe und Akribie eine immense Sammlung zusammengetragen.

„Wir möchten die Geschichten von früher erzählen, zeigen, wie das Nordelsass einmal aussah. Zudem möchten wir alten Dingen wieder eine Seele einhauchen", sagt Natalie Freyermuth fast ein wenig prosaisch. Kein Wunder, die Frau, die ursprünglich aus Saverne stammt, ist nicht nur passionierte, sondern auch lizenzierte Geschichtenerzählerin. Das hat sie mit Brief und Siegel. Das glaubt man gerne. Denn wenn die Elsässerin mit ihrer ruhigen, freundlichen Art quasi zu jedem Objekt eine Anekdote preisgibt, hört man einfach gerne zu. Zugute kommt deutschen Besuchern, dass die 54-Jährige zeitweise in Wiesbaden aufwuchs und perfekt parlierend von Französisch über Elsässisch ins Hochdeutsche wechselt.

Aber wie wird man denn offizielle Geschichtenerzählerin? *„Ich habe den Titel tatsächlich beim Chambre de Commerce in Strasbourg beantragt. Dort habe ich meine zu Papier gebrachten Geschichten hingeschickt. Dabei war einiges an Korrespondenz zu erledigen und es hat fast zwei Jahre gedauert. Aber am Ende wurde ich als Künstlerin und Geschichtenerzählerin anerkannt"*, erklärt sie strahlend. Seitdem ist sie vor allem in Kindergärten, Schulen und Seniorenheimen unterwegs und erzählt die Geschichten der Puppen von Raynal, einer berühmten Manufaktur aus Paris. Ihre hochwertige Puppensammlung ist

„La Cour de Marie" befindet sich im Ortskern von Hatten (bei Soultz-sous-Forets) direkt an der Hauptstraße (49, rue principale). Das Museum hat von Anfang April bis zum 16. Oktober jeweils Sa. 10 - 12 Uhr und 13.30 - 18 Uhr sowie So. 14 - 17.30 Uhr geöffnet. Zusätzliche Gruppentermine nach telefoischer Absprache möglich.
✆ 00 33 / 3 88 80 13 39
Die Betreiberin spricht Deutsch.

Geschichtenerzählerin Natalie Freyermuth im Krämerladen des Museums.

So kümmerte sich die Hausfrau in den 1950er und 1960er Jahren um die Wäsche.

gleichzeitig auch der Blickfang ihres Museums. Das Gros sind handgenähte Puppen eben jenes französischen Spielzeugproduzenten (ab 1922).

Erstaunlich wie zeitlos manche Puppe heute noch wirkt. *„Diese Art von Puppe hat 1954 Charles de Gaulle der englischen Prinzessin Anne geschenkt. Sie soll sehr verzückt gewesen sein"*, weiß die Museumschefin zu berichten und deutet auf eines ihrer Objekte. Ihr liebstes Stück ist jedoch die Puppe Rosalie, mit der sie selbst noch als Kind gespielt hat. Und genau mit diesen Puppen ist sie in Kindergärten oder Altenheimen in Haguenau oder Betschdorf unterwegs, präsentiert ihre Puppen und erzählt Geschichten, die auf historischen Fakten beruhen, aber natürlich auch mit reichlich Fantasie angereichert werden. Die Reaktionen von Jung und Alt seien zwar unterschiedlich (zumal die Seniorinnen die Puppen noch aus ihren Kindertagen kennen). Aber allen gemein sei die Freude über die *„charmanten Charaktere, die so eine Zärtlichkeit ausstrahlen"*, wie es Natalie Freyermuth formuliert. Und wenn elf- bis zwölfjährige Mädchen mal ihr Smartphone zur Seite legen und sich intensiv den Puppen widmen, dann erfreut es zweifellos auch das Herz der Geschichtenerzählerin.

Zwar steht die Puppensammlung im Fokus, aber auch sonst hat „La Cour de Marie" im Nordelsass etliches zu bieten. Hier eine Peugeot-Nähmaschine aus dem 19. Jahrhundert, dort ein Oceanic-Radio von 1950, ein alter Sauerkraut-Hobel oder ein Staubsauger, datiert auf das Jahr 1924 - aus dem Staunen kommt man in der zum Museum umgebauten Scheune, die von rund 9000 Menschen pro Jahr besucht wird, kaum heraus. Manches liebevoll drapierte Kleinod zieht den Betrachter sofort in den Bann. Ein Raum ist ganz der Landwirtschaft gewidmet.

„Das südliche Elsass steht für den Wein, das nördliche Elsass für die Kartoffel. Entsprechend waren die Gerätschaften für die Ernte zwischen den Regionen verteilt", erläutert sie. So sind Dreschmaschinen der Frères Kuhn von 1870, einem großen Produzenten aus Saverne, zu sehen. Im Erdgeschoss befinden sich beispielsweise Emailleschilder mit historischer Werbung, die von 1890 bis 1950 en vogue waren. Zahlreiche Pokale erinnern an die Motorsport-Karriere von Jean-Claude Freyermuth, der in jungen Jahren Formel II-Champion im Elsass war. Auch viele historische Blechdosen. Oder: Eine Wäscherei-Ausstellung von anno dazumal. Ein Besuch in dem netten Museum mutet wie eine Zeitreise an. So würde man sich in dem komplett eingerichteten Krämerladen der Nachkriegszeit am liebsten direkt bedienen lassen. Dies ist jedoch problemlos im Nebengebäude möglich. Dort kann man beispielsweise Honig und Eier aus der Region erwerben oder in der Gaststube einen Kaffee trinken. Zudem gibt es Kuchen, von der Hausherrin persönlich gebacken.

Elsässische Mini-Brezel in eigens dafür hergestellter Töpferware aus Soufflenheim.

Das historische Erbe der Brezel

- *Elsass reklamiert das kulinarische Erbe für sich*
- *Christliche Illustration aus dem 12. Jahrhundert vom Odilienberg*
- *Besuch einer Brezelfabrik in Gundershoffen*

Woher die Brezel stammt? Das muss man Anita Schaeffer, kaufmännische Direktorin des Brezelfabrikanten Boehli in Gundershoffen, nicht zweimal fragen. *„Aus dem Elsass natürlich"*, sagt sie und verweist auf eine Kopie des „Hortus Deliciarum" im Museum der Fabrik. Dabei handelt es sich um eine handgeschriebene und bebilderte christliche Enzyklopädie, die zwischen 1159 und 1175 von den Nonnen im Kloster Odilienberg in den Vogesen angefertigt wurde. Das theologische Werk befasst sich unter anderem mit dem Alltag und den Gebräuchen im 12. Jahrhundert. Und siehe da: bei einer königlichen Tischzeremonie erkennt man Fisch, Brot – und: unübersehbar in ihrer verschlungenen Form: die Brezel. Bei der Illustration soll es sich um die älteste bekannte Darstellung der Brezel handeln. Als ob dies nicht des Beweises genug wäre, präsentiert die eloquente Elsässerin eine weitere Legende rund um die Brezel aus ihrer Heimat. *„Es gab einen Bäcker, der das Brot falsch gebacken hat, eine ganz verwerfliche Tat zu jener Zeit. Er wurde prompt ins Gefängnis gesteckt. Er käme nur frei, wenn er ein Brot backe, bei dem man dreimal die Sonne sieht. Voilà, der findige Bäcker hat es geschafft, die Brezel war geboren"*, sagt Anita Schaeffer strahlend, verbunden mit dem Hinweis, dass es sich natürlich um eine Legende und nicht um einen historischen Beleg handle. Ähnliche Legenden könnten sehr wahrscheinlich auch die Bäcker in der Pfalz, Bayern und Schwaben vorweisen, die ebenfalls die Erfindung der Brezel für sich reklamieren. Aber, nun kommt der nächste Trumpf. Schließlich gebe es nicht umsonst jährliche Brezelfeste mit einer langen Tradition in der Region. In Gresswiller bei Strasbourg oder in Uttwiller bei La Petite Pierre beispielsweise.

Zudem finde man im Stadtspital von Strasbourg über der Tür der ehemaligen Bäckerei (von 1572) das Symbol einer Brezel, die mit einem Brötchen kombiniert ist. In jedem Falle: In Frankreich verbinde man das Laugengebäck ganz stark mit dem Elsass. Und nun sind wir

i

Die Brezelfabrik mit Museum befindet sich in Gundershoffen (nordwestlich von Haguenau), 14 Rue des Genéts.
Das Museum ist von Mi. bis Fr. 10 - 12 Uhr und 14 - 18 Uhr sowie So. 14 - 18 Uhr geöffnet. Die Verkaufsboutique hat zudem Mo. und Sa. Vormittag geöffnet. Museumseintritt: 4 Euro (Erwachsene), 3 Euro (ermäßigt). Gruppenführungen möglich. Die Infotafeln sind auch auf Deutsch.
✆ 00 33 / 3 88 07 16 75
www.boehli.fr

wieder im Hier und Jetzt. Die seit 1935 existierende Firma Boehli nordwestlich von Haguenau exportiert die typischen „Bretzels d'Alsace" in die ganze Welt. Bis nach Kanada, Australien, Ägypten, China oder Japan geht das beliebte Gebäck. Rund 5 000 Tonnen pro Jahr produzieren die rund 70 Mitarbeiter am Standort in Nordelsass. In dem vor einem Jahr eröffneten Museum mit allerlei Gebrauchsgegenständen der Bäckerzunft und entsprechenden Infotafeln (auf Deutsch) erfährt man allerhand über die Produktionsweise.

Allerdings handelt es sich bei der von Boehli produzierten Brezel nicht um das teigige Laugen-Backwerk, das in Süddeutschland zum Sortiment jeder Bäckerei zählt. Sondern um eine knackige Mini-Brezel, die man bei uns eher als Partygebäck kennt und oft mit Salzstangen in einer Box findet. Vom Museum aus kann man einen Blick in die Produktionslinie werfen und den Bäckern bei der Arbeit zu sehen. Bei Temperaturen zwischen 130 und 250 Grad werden die Brezeln jeweils für fünf Minuten durchgebacken. Insgesamt existieren 20 Rezepturen. Die Brezel bestehen aus Weizenmehl, Backhefe, Malz, Salz, Sonnenblumenöl und Wasser. *„Das Mehl erhalten wir von einer Mühle in Strasbourg, das Wasser aus den Nordvogesen. Wir arbeiten viel mit Dinkelmehl. Auf Nitrat wird verzichtet. Wir geben beispielsweise Mohn und Sesamsamen hinzu. Zudem gibt es Brezel mit Schokoladenüberzug"*, erläutert Anita Schaeffer. Um die typische goldbraune

Eine Boulangerie aus vergangener Zeit im neuen Museum der Fabrik nordwestlich von Haguenau.

Farbe zu erhalten, werden die Rohlinge in die Brezellauge (eine Mischung aus Wasser und Natriumhydroxid) getaucht. Während des Backvorgangs reagieren die Moleküle mit dem Zucker und dem Weizenmehl. Der gesamte Produktionsvorgang wird in dem schmucken Museum anschaulich erläutert. Neben den Dokumenten zur Historie der einstigen christlichen Fastenspeise und der Firmengeschichte von Boehli existiert eine Boulangerie der Nachkriegszeit oder eine große Landkarte mit den Destinationen, die der Global Player aus dem Elsass beliefert.

Die Brezel gibt es in verschiedenen Varianten, unter anderem mit Schokoladenüberzug.

Rund 10 000 Besucher aus Frankreich, Belgien oder den Niederlanden statteten dem ein Jahr alten Museum bereits einen Besuch ab. Sehr nett gestaltet ist auch die Boutique, die man nach dem Museumsbesuch betritt. Im Zentrum steht natürlich die Mini-Brezel, die mancher Kunde gleich säckeweise einkauft. Ob Spätzle in Brezelform, T-Shirts der elsässischen Designer mit dem bezeichnenden Namen „Bretzel Airlines", Töpferware aus Soufflenheim mit Brezel-Logo oder schön gestaltete Dosen mit frischen Brezeln sind dort unter anderem im Angebot.

„Bei uns im Elsass gehört die Brezel einfach dazu. Wenn man ein Gläschen Bier oder einen Aperitif trinkt oder generell in geselliger Runde zusammenkommt, dann sind Brezeln in der Regel dabei", erläutert die Direktorin. Wie lange so eine Knack-Brezel wohl haltbar ist – vermutlich ewig? *„Wir haben eine Mindesthaltbarkeit von einem Jahr. Aber man kann sie auch danach noch ohne Bedenken essen."* Apropos Legende: Eine hat sie noch in petto: Wie die Laugenbrezel entstand? „Es heißt, ein Bäcker war einst in der Backstube kurz eingeschlafen, während der Teig aufging. Eine Katze sprang währenddessen munter in der Backstube herum und schon war die Schüssel umgekippt und der Teig in die Lauge-Lösung geblotzt."

1867 wurde die Hopfenhalle erbaut, dienstags und freitags findet hier der Markt statt.

In der Hopfenhalle von Haguenau

- *Munteres Markttreiben*
- *Metzger und Gemüsehändler geben den Ton an*
- *Einst brachte Hopfen der Stadt Wohlstand*

Wem Strasbourg für einen Besuch zu touristisch, hektisch und unübersichtlich ist, für den ist Haguenau eine passende Alternative. Die mit 36 000 Einwohnern zweitgrößte Stadt des Nordelsass wirkt aufgeräumt und gemütlich. Zudem findet man hier in der Regel ohne Probleme einen Parkplatz nahe der Fußgängerzone. Zahlreiche Geschäfte laden hier zum Flanieren ein, Restaurants zum kulinarischen Genuss. Zudem gibt es in den drei Museen – dem Historischen Museum, dem Elsässischen Museum und dem Reisekoffer-Museum (siehe eigener Bericht) – etliches über die Historie zu erfahren. Im Herzen des Ortes befindet sich die Hopfenhalle und die macht zweifellos einen imposanten Eindruck. 1867 wurde sie erbaut, um die bessere Vermarktung landwirtschaftlicher Erzeugnisse zu ermöglichen. *„Die Konstruktion erinnert an die Bauten von Gustave Eiffel. Die Halle besitzt eine metallische Struktur, die von einem Mauerwerk ummantelt wird. Ganz oben ist ein transparentes Dach aus Glas. Initiator zum Bau der Halle im Industrie-Design war der elsässische Politiker Xavier Nessel"*, erläutert Stadtführerin Marthe Stiefel. Gebaut wurde sie um unter anderem Hopfen zu lagern und zu veräußern. Schließlich hat es die Stadt dank des Anbaus von Hopfen einst zu Wohlstand gebracht.

„Bis Ende des 19. Jahrhunderts war Haguenau gemeinsam mit Nürnberg der größte Handelsplatz für Hopfen in Europa. Aber der Anbau spielt heutzutage keine große Rolle mehr. In den Umlandgemeinden gibt es noch ein wenig Hopfenanbau. Aber wirtschaftlich ist das vernachlässigbar", führt die Stadtführerin fort. Allerdings erinnert das sechstägige „Festival du Houblon" (Hopfenfest) an die große Tradition des Anbaus in der Region. Jeweils Ende August treten Folklore-Gruppen aus der ganzen Welt auf und sorgen für ausgelassene Atmosphäre in den Straßen des schmucken Städtchens. Heutzutage findet in der Hopfenhalle der Wochenmarkt statt.

Jeden Dienstag und Freitag öffnet die Hopfenhalle ihre Pforten, damit Händler aus der Region ihre Waren feilbieten. Dienstags ist der kleine Markt, freitags der große Markt mit einem stattlichen Fisch- und Käseangebot (jeweils von 8 bis 13 Uhr).

i

Halle aux Houblons, Zentrum von Haguenau. Der Markt findet jeweils Di. und Fr. 8 - 13 Uhr statt. Fr. ist der größere Markt mit zusätzlichem Fischangebot.

www.ville-haguenau.fr

Zudem finden dort gelegentlich größere Events oder ein Trödelmarkt in dem historischen Ambiente der Halle mit seinen blauen Pfeilern statt. Einer, der regelmäßig auf dem Markt verkauft, ist Mathieu Jacquot. Der 47-Jährige bietet allerlei Gemüse an - Sellerie, Tomaten, Zucchini, Petersilie, Rhabarber und etliches mehr. *„Das ist alles Bioqualität. Darauf achten die Kunden heutzutage mehr als früher"*, sagt der Landwirt und Gärtner aus der Umlandgemeinde Dauendorf, der wie die meisten Händler noch das alemannische Elsässisch spricht. Geranien, Begonien und Petunien hat er zudem im Angebot.

Einige Stände weiter gibt es Spargel aus Wintershouse. Das „weiße Gold" wird im Nordelsass dank seiner feinen Sandböden entlang der Rheinebene angebaut. Das südlich von Haguenau gelegene Dorf Hoerdt gilt gar als französische Hauptstadt des Spargelanbaus. Ob Obst, Gemüse, Käse, Fisch, Wurst und Fleisch oder Backwaren - das Angebot im zweitgrößten Markt des Nordelsass (nach Strasbourg) ist reichhaltig. Eugénie Koebel aus Saessolsheim bietet Waren ihrer Boucherie „Le Landhof" an. Ganz klassisch elsässisch gibt es bei ihr Baeckeoffe (Eintopf mit Rind-, Schwein- und Lammfleisch), Wadele, Choucroute (Sauerkraut), Knack (Wiener) oder Fleischwurst. *„Ich mache das hier schon seit fast 30 Jahren. Eine feste Metzgerei an einem Standort haben wir mittlerweile nicht mehr. Wir verkaufen jetzt nur noch auf Märkten. Glücklicherweise haben wir eine*

Imposante Halle mit historischer Atmosphäre: Einst verhalf der Hopfen Haguenau zu Wohlstand.

treue Stammkundschaft", sagt die ältere Dame. Es geht ohnehin eher entspannt zu – von hektischem Markttreiben kann man nicht wirklich sprechen.

Kurz darauf schaut die bekannte elsässische Kabarettistin Huguette Dreikaus, die in Haguenau lebt, vorbei und hat für jeden, mit dem sie spricht, ein aufmunterndes Wort parat. Einige Stände weiter verkauft Maria da Costa Baguettes und Backwaren einer Boulangerie in Climbach in den Nordvogesen. Éclair, pain au chocolat, brioche und diverse Tartes machen schon beim Anblick Appetit. Neben klassischen französischen Baguettes offeriert sie auch eher rustikales Bauernbrot, wie man es in Deutschland kennt. Was sie denn typisch Elsässisches im Angebot habe? Die gebürtige Portugiesin muss nicht lange überlegen und reicht lächelnd eine Brezel über die Verkaufstheke. Typisch elsässisch? Ist die Brezel nicht eher eine süddeutsche Erfindung, wirft man zweifelnd ein. *„Nein, nein. Die wurde bei uns in der Region erfunden. Das ist doch bekannt"*, sagt sie gut gelaunt. Aber man möchte ja ohnehin eher genießen statt diskutieren. Kulinarisch auf seine Kosten kommt man bei den vielen frischen Produkten aus der Region ohnehin. Rund 50 Händler sind in der Halle mit ihrem ganz besonderen Charme vertreten – und da macht das Bummeln, Verkosten und das Markttreiben an sich ohnehin deutlich mehr Spaß als beispielsweise in einer seelenlosen Betonhalle.

Maria da Costa verkauft Backwaren aus den Vogesen – das Lächeln gibt es gratis dazu.

Patrick Steiner produziert in seiner Distillerie mehr als 30 Sorten Brände und Liköre.

Edel-Brände aus dem Sauertal

- *Patrick Steiner produziert Liköre und Schnaps nach alten Rezepten*
- *Drittbester Mirabellenschnaps Europas*
- *Nennung im Gault & Millau*

Nach alten Rezepten produziert Patrick Steiner aus Preuschdorf bei Woerth Liköre und Schnaps, die er das Jahr über auf deutsch-französischen Bauernmärkten sowie im eigenen Hofverkauf offeriert. *„Das ist ein echtes Naturprodukt aus dem Elsass. Wir benutzen lediglich Obst, Alkohol und Kandiszucker. Konservierungsmittel und Farbstoffe gibt es bei uns nicht. Die Qualität steht ganz klar an erster Stelle"*, sagt der 47-Jährige aus dem Sauertal. Ob wilde Mirabellen, Kirschen, Zwetschgen, Nuss, Birne oder Quitten – auf rund sechs Hektar Streuobstwiesen erntet der Elsässer die Früchte für seine Brände, die er in rund 30 Sorten anbietet.

Auf eines ist der Elsässer besonders stolz. 2017 erhielt sein Mirabellen-Schnaps die Bronze-Medaille bei der Europameisterschaft der Edel-Brenner in Österreich. *„Da wurden die besten Brände des Kontinents verkostet und bewertet und ich kam mit meinem Destillat am Ende auf Rang drei. Das freut mich schon ein bisschen, zumal die Konkurrenz ja enorm ist. Es wird ja fast überall in Europa gebrannt"*, sagt der bescheiden wirkende Mann aus dem Sauertal. Selbst im renommierten französischen Gastro-Führer Gault & Millau wird „Liqueurs Steiner" erwähnt. Das Geheimnis seiner Edel-Brände? *„Das Wichtigste ist, sich Zeit zu nehmen beim Brennen. Der Schnaps wird bei mir zweimal gebrannt, ganz klassisch auf einem Holzfeuer. Dies ist das traditionelle Verfahren und das macht eben den speziellen Geschmack aus"*, weiß der Produzent von „Liqueurs Steiner". Seine Verkaufsschlager sind Klassiker wie Williams Birne, Kirsch und natürlich seine preisgekrönten „Wilden Mirabellen", die 18 Monate im Barrique-Fass reifen. Er ist zudem der Einzige im Elsass, der einen Schnaps mit Mandelgeschmack anbietet.

Vorwiegend Lothringer, Elsässer, Badener und Pfälzer greifen zu den Bränden aus dem Biosphärenreservat Nordvogesen. Aber auch Belgier, Südfranzosen oder Engländer zählen mittlerweile zu seiner Kundschaft. *„Die Nachfrage steigt stetig, ich kann mich nicht beklagen. 2004 habe ich gerade mal 200 Liter Likör und Schnaps produziert. Heute, 2018, bin ich bei mehr als 45 000 Liter pro Jahr"*, sagt Patrick Steiner. Be-

Liqueurs Steiner, 27 rue de l'Église, Preuschdorf (bei Woerth).
✆ 00 33 / 3 88 80 77 20
Degustation und Verkauf nach tel. Voranmeldung. Steiner spricht Deutsch.

Prämierte Spirituosen: Vor allem die Qualität des Obsts seiner Wiesen sei der Garant für eine saubere Gärung.

liebt sind auch seine Liköre in diversen Geschmacksrichtungen wie Heidelbeere, Erdbeere, Kastanie oder sein Gewürztraminer - alles fait maison versteht sich. In dem Familienbetrieb in Preuschdorf unweit von Soultz-sous-Forets im Nordelsass packen alle mit an.

Neben seiner Mutter und seiner Gattin sind auch die beiden Söhne in die production artisanale an der Rue de l' Eglise integriert. Jeweils im ersten Mai-Wochenende eines Jahres beginnt der Landwirt und Schnapsbrenner mit der Ernte. Auch Apfelsaft stellt Steiner her. Besonders stolz ist er auch auf seine rund 130 historischen Apfelsorten auf seinen Wiesen. Die Pomologie - also die Obstbaukunde - sei für ihn sehr wichtig, denn sie ist die Basis für seine Edel-Brände aus dem Sauertal. Die Erfolgsgeschichte des Destillateurs kann aus seiner Sicht gerne so weitergehen.

„Mir macht das ganze Procedere Freude: vom Obstbaum schneiden bis zum traditionellen Brennvorgang. Geduld, Auge und ein guter Gaumen sind die Basis unserer Profession. Ich liebe es einfach, draußen in der Natur auf den Streuobstwiesen zu sein und das Obst einzusammeln. Reifes, sauberes Obst ist die Grundlage für hochwertige Qualität und eine saubere Gärung." Und natürlich hat Patrick Steiner Blut geleckt. Denn nach einem dritten Platz möchte er nun auch mal nach ganz oben auf den Thron in Sachen feinsten „eaux de vie".

In einem alten Fachwerkhaus in Preuschdorf befindet sich die Brennerei.

Ins noble Hotel in den Alpen reiste man mit entsprechendem Gepäck an.

Reisen zu Zeiten des Orient Express

- *Weltweit einzigartige Sammlung von Reisekoffern aus dem 18. und 19. Jahrhundert*
- *Schweres Gepäck damals Alltag*

Wer das Reich von Jean-Philippe Rolland und seiner Frau Marie betritt, der kommt aus dem Staunen so schnell nicht heraus. Das Ehepaar hat in Haguenau ein ziemlich ungewöhnliches Museum für Reisekoffer und Utensilien des Reisens errichtet. Es ist wie eine Zeitreise ins 19. Jahrhundert - wohin man auch schaut, sieht man riesige, aufwendig restaurierte Koffer aus einer Zeit, als der Orient Express wohl gerade en vogue war. Zudem gibt die Sammlung von über 350 Koffern von renommierten Marken wie Vuitton, Hermes, Goyard oder Moynar auch einen Einblick über die Mobilität des Menschen und die Kulturgeschichte des Reisens, die mit der Etablierung der Eisenbahn Mitte des 19. Jahrhunderts neue Dimensionen erreichte.

„Jeder Koffer erzählt seine eigene Geschichte. Für uns war und ist das schon viele Jahre ein faszinierendes Hobby. Natürlich ist da auch ein Hauch Nostalgie mit im Spiel", erklärt Jean-Phillippe Rolland. Der 52-Jährige hat sich mit Passion seinem Hobby verschrieben. Denn er sammelt die wertvollen Stücke nicht nur. Gemeinsam mit seiner Frau restauriert er die riesigen, oft hölzernen Reisekoffer auch. Abnehmer hat das Paar aus der zweitgrößten Stadt des Nordelsass genug. Französische Filmemacher schauen sich immer mal wieder bei ihnen um, wenn sie für Filme, die in Zeiten des fin de siècle spielen, originale Stücke benötigen. *„Auch für Theater machen wir einiges, für Casinos oder Marionettenspieler. Ebenso für Privatpersonen, die Original Koffer als Deko-Stück für ihre Wohnung haben wollen"*, erklärt Rolland. Denn die zuweilen mannshohen Koffer muten fast wie Schränke an, sind aufklappbar und deshalb ein ebenso attraktives wie nützliches Deko-Teil für Menschen, die sonst schon alles haben. Und natürlich sind die Rollands für die internationale Sammlerszene tätig. Schließlich gelten sie als Koryphäen in Sachen historische Reisekoffer, was ihre Kollektion als auch die Restaurierungstechnik betrifft. *„Wir haben Kunden aus den USA, Japan, Italien und dem Rest Europas. Die Leute, die ein Faible dafür haben, sind bunt gemischt."* Selbst die französische „Vogue" hat dem Paar mit dem Sinn für Nostalgie und der weltweit einzigartigen Sammlung bereits einige Zeilen gewidmet.

i

Musée du bagage, 5 rue saint-georges, Haguenau
✆ 00 33 / 3 88 63 44 43
www.museedubagage.com
Öffnungszeiten: von Mitte März bis Ende Dezember jeweils Sa., So. und Feiertag 14 - 17.30 Uhr

Viel Handarbeit ist vonnöten, um die historischen Reisekoffer zu pflegen: Marie Rolland macht das nichts aus.

„Bei uns sind alle Epochen, Marken und Stilrichtungen vertreten. Die Leute können sehen, wie sich der Koffer weiterentwickelt hat, die nun mal eben eng mit der Geschichte des Reisens verbunden ist", fügt Marie Rolland hinzu. Während man heutzutage meist lässig einen schmalen Trolley hinter sich herzieht, hat man in Zeiten der Dampfloks und des Ozean-Kreuzers wahre Trumms auf Reisen geschickt. Das älteste Stück im Museum stammt aus dem Jahr 1640. Mit dem Siegeszug der Eisenbahn begann zwei Jahrhunderte später auch das heranwachsende Bürgertum mobiler zu werden. Vornehmlich aus Westeuropa und Nordamerika stammen die Stücke in der Sammlung.

Besonders fasziniert den Elsässer, wie viel Mühe und Kunstfertigkeit man zu Zeiten Jules Vernes für den Bau der Koffer aufgewendet hat. *„Man hat mit ganz verschiedenen Materialien zu tun. Mit Leder, Holz, Messing, Zink. Das waren eben Luxusartikel, und so waren sie auch verarbeitet. Da war handwerkliches Können gefragt. Schade, dass das Gros der Firmen im Laufe der Jahrzehnte eingegangen ist. Aber das ist wohl der Lauf der Geschichte. Heute reist man eben mit dem Flugzeug und leichtem Gepäck"*, meint die elsässische Restaurateurin achselzuckend.

Zurück in die Welt der Postkutsche. Für französische Historienfilme restaurieren die Rollands Reisekoffer.

Neugierig sind sie schon: Rund 150 Ziegen werden in Obersteinbach gehalten.

Ziegenkäse und ziemlich viel Gemecker

- *In Obersteinbach wird geschmackvoller Ziegenkäse produziert*
- *Selbst Geißen-Eis zählt zum Sortiment*

Kaum hat man den Stall betreten, hört man sie schon kräftig meckern. Neugierig recken sie ihre Hälse und mustern aufmerksam den Betrachter. Echte Scheu kennen die rund 150 Ziegen in der Obersteinbacher Farm im nördlichsten Zipfel des Elsass nicht. Hier in den Nordvogesen haben die robusten Rassen der Alpinen und Saanen ihr Zuhause. Betrieben wird die zweitgrößte Ziegenkäserei der Region von Rita Sturtzer und ihrem Mann Pierre. Und: Angeboten wird im Hofladen so ziemlich alles rund um die Ziege. Vornehmlich natürlich Ziegenkäse, aber auch Ziegenmilch, Zickleinfleisch, Joghurt oder exotischere Produkte wie Ziegenwurst und Ziegeneis. *„Das Ziegeneis ist im Sommer ziemlich angesagt. Es ist halt erfrischend. Die Kinder lieben es"*, erklärt Rita Sturtzer lachend.

Vor etwa acht Jahren hat die Elsässerin gemeinsam mit ihrem Mann und den Kindern Haguenau den Rücken gekehrt, um hier im Naturpark Nordvogesen Ziegenzucht zu betreiben. *„Sicher, es ist nicht gerade wenig Arbeit. Aber es macht mir einfach Freude mit den Tieren. Sie haben ein freundliches und dankbares Wesen. Das Füttern gehört da ebenso dazu wie Routine-Arbeiten wie das Ausmisten. Und natürlich freut man sich auch über ein gutes Produkt, das am Ende dabei herauskommt"*, erklärt die Käse-Produzentin. Die Qualität der „Ferme du Steinbach" hat sich offensichtlich herumgesprochen, auch in Deutschland. Freilich ist Ziegenkäse nicht jedermanns Geschmack, aber der Bäuerin fällt es nicht schwer, die Vorteile des „fromage de chèvre" aufzuzählen. *„Es gibt letztlich keinen Käse mit weniger Fettgehalt, er weist keine Laktose auf und ist damit relativ gesund. Und natürlich ist Ziegenkäse sehr cremig und auch in milder Variante bei uns erhältlich. Wir bieten beispielsweise auch Käse an, der in Richtung Camembert oder Munster geht. Die Vielfalt ist groß – von Frisch- über reiferen Käse bis zu Hartkäse."*

Ferme du Steinbach, 6 rue de la Rohrmatt, Obersteinbach. Die Farm liegt unweit der Grenze zu Deutschland, vis-à-vis des pfälzischen Fischbach/Dahn.
✆ 00 33/3 88 09 57 42
www.fermedusteinbach.fr
Hofladen von Mitte März bis Mitte Oktober täglich 10 - 19 Uhr geöffnet.

Die Großfamilie hilft beim Verkauf der Produkte aus Ziegenmilch.

Handgemachter Käse aus den Nordvogesen im Reiferaum.

Rund 800 Liter geben die 150 Ziegen pro Jahr. Im Frühjahr, wenn die Tiere Junge haben, wird am meisten produziert. Im Sommer, zwischen Juli und September, wird der Stall mit der Wiese hinter dem Berg ausgetauscht. Ganz besonders stolz ist die Bäuerin auf ihren Ziegenbock Jules. Der leistet nämlich ganze Arbeit und beglückt seine weiblichen Artgenossen regelmäßig mit seiner Männlichkeit. *„Er ist eigentlich gar nicht bockig, eher ein liebes Tier"*, sagt seine Chefin schmunzelnd. Wichtig für gute Rohmilch und dementsprechend guten Käse sei, dass die Geißen sich entsprechend wohlfühlen. Und die Mutter von drei Kindern tut alles Menschenmögliche, damit dem auch so ist. Vor allem die winterharte Nutzpflanze Luzerne und Heu bekommen die Hornträger zu fressen, erklärt die Hausherrin, während sie einen Blick in den Kühlraum, wo der Käse reift, erlaubt. Der Hof, der zwischen Wissembourg und Bitche liegt, ist mit dem Qualitätslabel „Biosphäre Nordvogesen" zertifiziert.

Rita Sturtzer liebt den Umgang mit den Tieren. Füttern und Ausmisten gehören zum Tagesablauf.

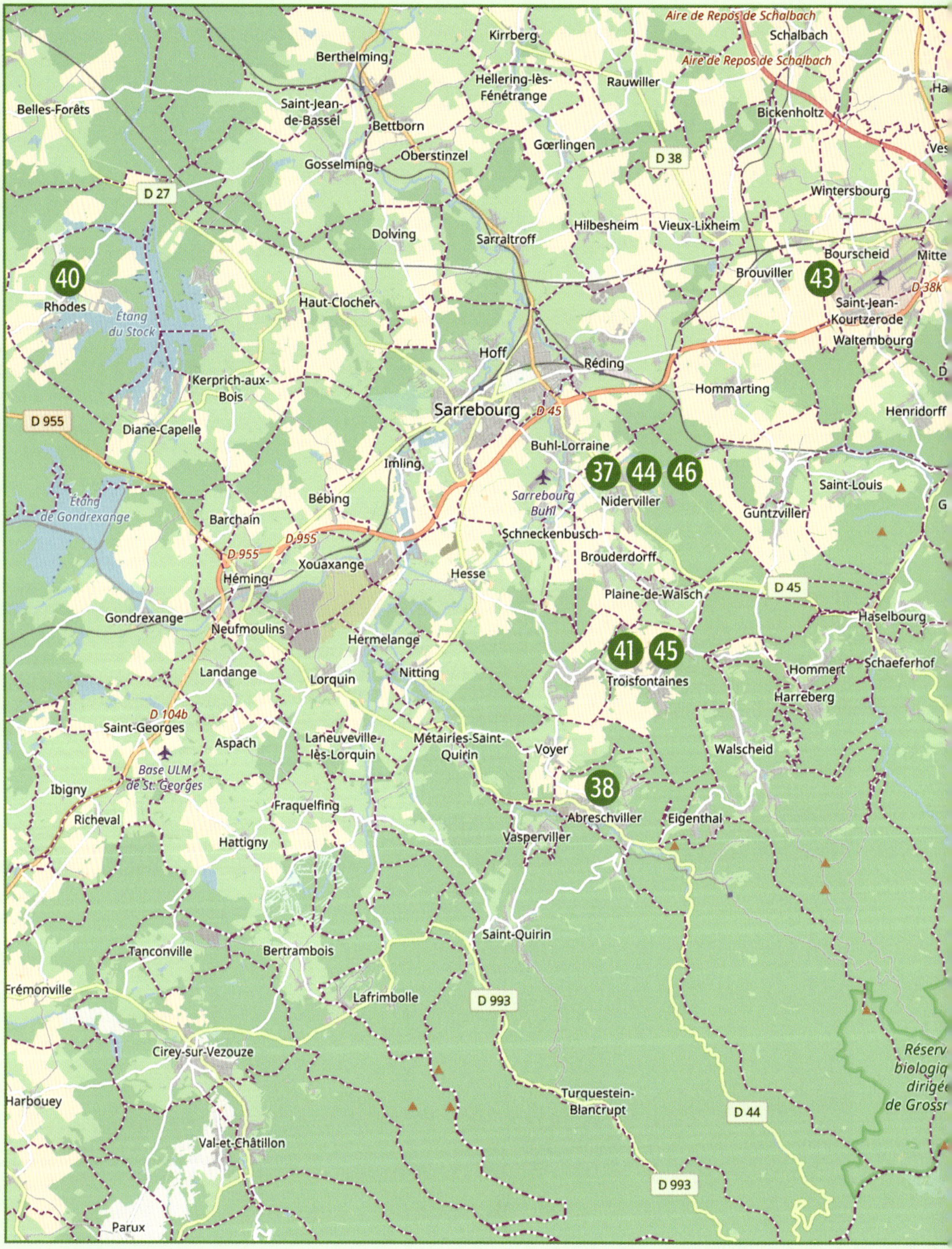
Aire de Repos de Schalbach
Schalbach
Aire de Repos de Schalbach
Kirrberg
Berthelming
Hellering-lès-Fénétrange
Rauwiller
Belles-Forêts
Saint-Jean-de-Bassel
Bettborn
Bickenholtz
Oberstinzel
Gœrlingen
D 38
Gosselming
D 27
Wintersbourg
Dolving
Sarraltroff
Hilbesheim
Vieux-Lixheim
Bourscheid
40
Brouviller
43
D 38k
Rhodes
Étang du Stock
Haut-Clocher
Saint-Jean-Kourtzerode
Waltembourg
Hoff
Réding
Kerprich-aux-Bois
Hommarting
D 955
Sarrebourg
D 45
Henridorff
Diane-Capelle
Buhl-Lorraine
Imling
37
44
46
Sarrebourg Buhl
Niderviller
Saint-Louis
Étang de Gondrexange
Bébing
Guntzviller
Barchain
D 955
Schneckenbusch
D 955
Brouderdorff
Xouaxange
Héming
Hesse
D 45
Plaine-de-Walsch
Gondrexange
Haselbourg
Neufmoulins
41
45
Hermelange
Schaeferhof
Hommert
Landange
Nitting
Troisfontaines
Lorquin
Harreberg
D 104b
Saint-Georges
Aspach
Laneuveville-lès-Lorquin
Métairies-Saint-Quirin
Voyer
Walscheid
Base ULM de St. Georges
38
Ibigny
Fraquelfing
Richeval
Abreschviller
Eigenthal
Vasperviller
Hattigny
Saint-Quirin
Tanconville
Bertrambois
Frémonville
Lafrimbolle
D 993
Cirey-sur-Vezouze
Harbouey
Turquestein-Blancrupt
D 44
Val-et-Châtillon
D 993
Parux

Am Fuße der Nordvogesen

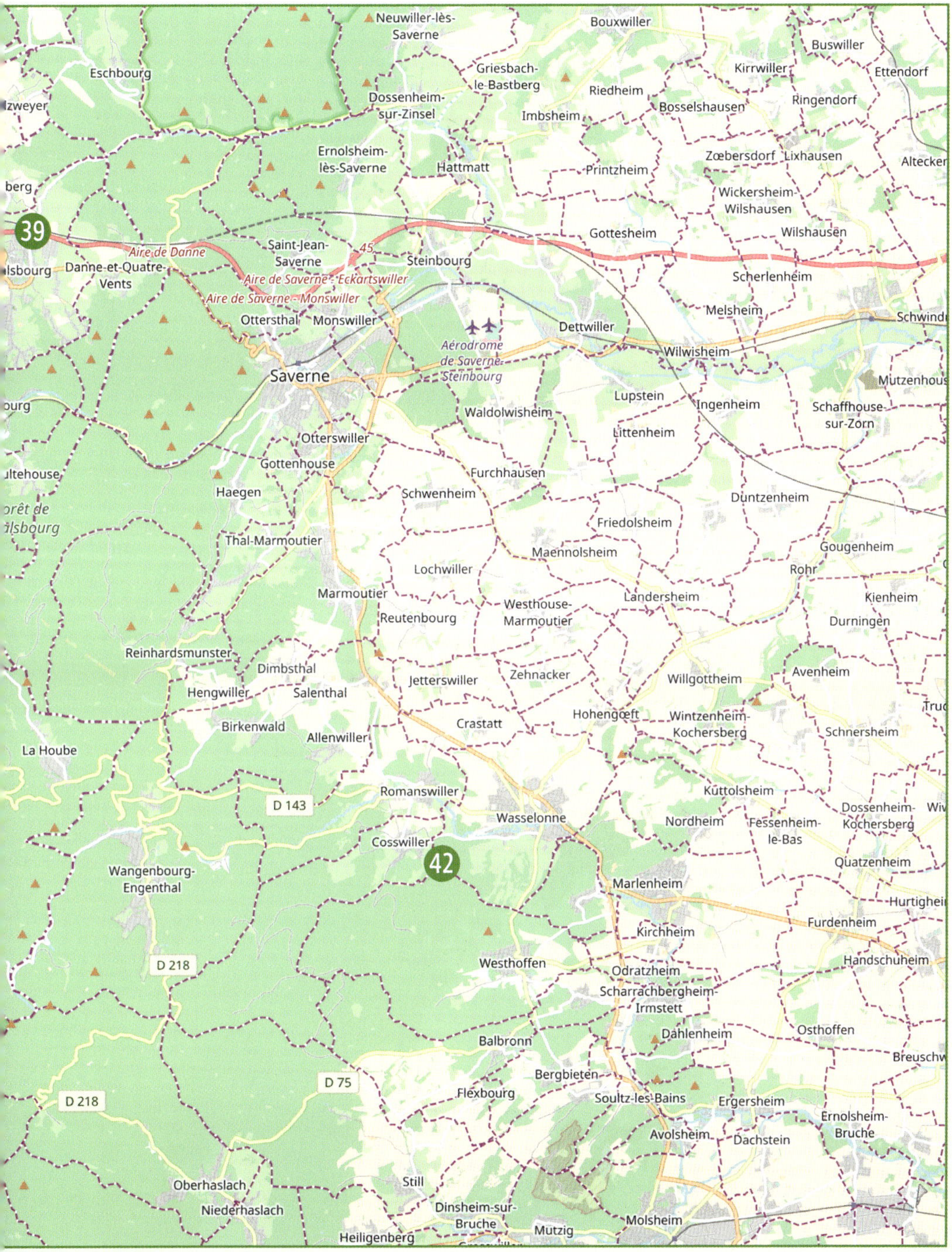

Lange Tradition. Seit Mitte des 18. Jahrhunderts wird in dem Ort produziert.

Der Ruhm der Vergangenheit

- *Traditionsmanufaktur für Fayencen in Niderviller*
- *Edle Keramikwaren vom Rande der Nordvogesen*
- *Noblesse des 18. Jahrhunderts hat es heute schwer*

Wenn man so will, dann ist Pascal Dieda so etwas wie der letzte Mohikaner. Der 59-Jährige arbeitet in der traditionsreichen Fayencerie von Niderviller westlich von Phalsbourg. Die Ursprünge der Steingut-Fabrik gehen bis ins Jahr 1735 zurück. Einst produzierten hier viele Hundert Mitarbeiter edle Keramikwaren: Tischgeschirr, Vasen, kleine Figuren, Obstschalen, Teller oder Tassen in einer der ältesten Keramikwerkstätten Lothringens. Dank der natürlichen Ressourcen mit einem reichhaltigen Tonvorkommen und dem kunsthandwerklichen Geschick seiner Mitarbeiter entwickelte sich die Steingutfabrik zu einer Premium-Marke im 18. und 19. Jahrhundert. Mittlerweile ist Pascal Dieda der Letzte seiner Zunft in seinem Atelier. Insgesamt arbeiten für das Unternehmen jedoch noch 25 weitere Mitarbeiter in verschiedenen Manufakturen und Verkaufsstandorten (Saargemünd, St. Clement, Lunéville, Vallerysthal und Portieux).

„Ich kann mich noch gut daran erinnern, als hier noch sehr viele Menschen gearbeitet haben. Jetzt bin ich alleine hier. Die Leute legen heutzutage eben nicht mehr so viel Wert auf hochwertiges, handgemachtes Geschirr. Die schauen nur noch auf den Preis und geben ihr Geld für andere Dinge aus. Reisen oder technische Geräte. Die Zeiten haben sich nun mal geändert", sagt der Mann, der bereits mehr als 40 Jahre in Diensten der Manufaktur steht. In der Werkstatt geht es eher übersichtlich zu. Viele altertümliche Maschinen sieht man, denn über die Jahrzehnte hat sich nur wenig in der Produktionsweise verändert. Regale voll mit halbbearbeiteter Ware reihen sich in dem Atelier aneinander. Die Begeisterung für Ton hat den Keramiker bis heute nicht verlassen.

„Bei 1 000 Grad wird das Steingut zwei Tage lange gebrannt. Das ist alles reine Handarbeit, was ich hier mache. Es ist eine haptische Arbeit und sehr kreativ. Ich mag das nach wie vor. Die Ausarbeitung der ganzen Details. Das ist alles sehr filigran", sagt er, während er die Grundsubstanz zurecht schneidet und dann an einer Töpferscheibe knetet. Basis der Fayence ist ein rötlich bis bräunlicher Ton. Um dem Weiß des Porzellans nahezukommen, ei-

Faïencerie Niderviller, 1 rue de la Faïencerie, Niderviller (zentral im Ort an einer Biegung). Das Städtchen liegt unweit von Buhl-Lorraine (N4/D45).
✆ 00 33/3 87 23 80 04
www.terresdest.fr

Tafelservice für passionierte Jäger mit Hirsch und Damwild als Verzierung.

Chinesische Musikanten – vor der Glasur.

Pascal Dieda ist der letzte Keramik-Arbeiter in der Manufaktur in Niderviller.

nen geeigneten Malgrund zu schaffen und die Oberfläche schmutzunempfindlich zu machen, wird eine Glasur aufgebracht. Zu diesem Zweck wird die Keramikware zu einer anderen Manufaktur in Moselle gebracht. Zuvor wird die geformte Ware bei etwa 800 Grad einem ersten Ofendurchgang unterzogen. Auf den porösen Ton wird durch Tauchen ein wässeriger Glasurbrei aus Zinnoxid aufgetragen. Die als Überzug auf dem Stück haftengebliebene Glasurmasse wird bei einem zweiten Brand anschließend bei 1020 Grad verarbeitet. Vor dem Glasurbrand werden nach dem Trocknen des noch matten Überzugs sogenannte Scharffeuerfarben - wegen der hohen Temperaturen ist dies auf Kupfergrün, Kobaltblau, Antimongelb, Manganviolett, Braun und Schwarz beschränkt - als farbige Muster aufgetragen.

Während des zweiten Brands, des sogenannten Garbrands, schmilzt dann die Glasur zu einem glatten weißen Überzug und die Farben treten deutlich hervor. Pascal Diedas Chef Marc Kergoat darf sich freuen, dass es noch eine treue Klientel für die ebenso repräsentative wie hochpreisige Ware aus Niderviller gibt. *„Wir haben neben Frankreich viele Kunden aus Russland, den USA und Japan"*, erklärt der Geschäftsführer. Vornehmlich eine gut betuchte Kundschaft, die kunsthandwerklich hergestellte Keramik des Grand Siècle - verspielt und repräsentativ - zu schätzen weiß.

Es ist im Übrigen nicht so, dass in den Jahrhunderten zuvor trotz des hohen Renommees alles für die Traditionsmanufaktur rundlief. Verheerende Brände in den Werkstätten oder Schulden durch Missmanagement sorgten immer wieder für wirtschaftliche Rückschläge. Und dann stand ja auch noch die Französische Revolution auf der Agenda der Welthistorie. Der damalige Inhaber der Fayencerie, der Graf von Custine, geriet wie viele Aristokraten während der Terrorherrschaft der Jakobiner unter das scharfe Messer der Guillotine. Die Manufaktur stand im wahrsten Sinne des Wortes kopflos da. Firmenchefs kamen und gingen über die Jahre. Später, im Zeitalter der Industriellen Revolution, wurde die Produktionslinie von „SA Fayence Niderviller" um die Herstellung von Kopfsteinpflaster erweitert. In jedem Falle: Auch im Hier und Heute ist sich Geschäftsführer Marc Kergoat sicher, dass es noch genügend Abnehmer mit Sinn für Historie für die Luxusware gibt. Dafür ist er unermüdlich auf Messen rund um den Globus unterwegs, um die Ware aus Ostfrankreich im Ausland bekannt zu machen und die Traditionsmanufaktur so erfolgreich in die Zukunft zu transformieren.

Bereiten die Räucherung vor: Chef Cyril Strub (re.) und Mitarbeiter Christopher Mathis.

Der König der Saucisson

- *Lothringer macht beste Wurst der Welt*
- *Sieg bei WM der Metzger / Krönung für „Saucisson lorrain"*
- *Chef de cuisine schulte erst kürzlich zum Fleischer um*

Es ist eine ziemlich ungewöhnliche Geschichte. Fast 30 Jahre war Cyril Strub fern der Heimat, arbeitete als Chef de Cuisine in Sterne-Küchen in Großbritannien. In Yorkshire ebenso wie in Leeds, Aberdeen oder Inverness in den schottischen Highlands. 2016 kehrte er zurück in sein Heimatdorf Abreschviller am Rande der Nordvogesen, welches vor allem für seine touristische Waldeisenbahn bekannt ist. In erster Linie, damit er gemeinsam mit seiner schottischen Frau Vicky die Töchter Chloé und Emily bilingual erziehen kann. Ursprünglich wollte er ein Restaurant im Herzen des Dorfes aufmachen - in seinem Metier, was liegt da näher. Als dies jedoch nicht klappte, übernahm er kurzerhand eine Metzgerei im Ort, die nach vielen Jahrzehnten ihre Tore schloss.

„Es gab keinen Plan B. Hopp oder Topp", sagt er rückblickend. Als er seine Metzgerei dann auch noch „Black Pudding" nannte, und dort auch schottische Spezialitäten wie Haggis anbot, war die Verwirrung im Dorf groß. Schließlich ist man hier stolz auf das französische kulinarische Erbe. *„Eigentlich war das im Nachhinein betrachtet fast ein Glücksfall"*, sagt er und deutet auf das Hotel-Restaurant „Les Cigognes" vis-à-vis der Metzgerei, in dem er als Jugendlicher ein Praktikum gemacht hatte, und das ihm am Ende als Chef de cuisine verwehrt blieb. Denn gerade mal eineinhalb Jahre nach seinem Start als Dorfmetzger war Cyril Strub preisgekrönt. Mitte 2017 gewann der Lothringer den ersten Platz beim „Concours international Saucicréor" in der Sologne, gleichbedeutend mit der Weltmeisterschaft der Metzger, die dort bereits zum 30. Male stattfand.

Für seine „Saucisson lorrain" gewann er die Goldmedaille, den Preis der Akademie erhielt er für seine Schweinesülze. Dass die Jury vornehmlich aus französischen Meister-Metzgern bestand, war kein Heimvorteil für Strub. Denn die fleischlichen Genüsse wurden inkognito an das Gremium herangetragen. Ausschließlich Preisträger des renommierten Berufswettbewerbs Meilleur Ouvrier de France (MOF) saßen in der Jury. Konkurrenten unter anderem aus der Schweiz, Luxemburg, Belgien

i

Black pudding, 2 rue Pierre Marie, Abreschviller, übliche Ladenöffnungszeiten mit Mittagspause.
✆ 00 33 / 3 87 03 70 01
www.boucherie-blackpudding.com
Nicht irritieren lassen, eine weitere Metzgerei liegt nur 200 Meter entfernt.

Das Team arbeitet erst seit eineinhalb Jahren zusammen und ist bereits preisgekrönt.

Terrinen, Paté und Sülze aus der Edel-Metzgerei in Abreschviller.

Unscheinbar: die Dorfmetzgerei „Black Pudding" in Abreschviller am Rande der Nordvogesen.

oder gar dem fernen Neuseeland wetteiferten um den Titel. *„Ich war da schon ein bisschen der Underdog. Die meisten Teilnehmer waren Metzger in dritter oder vierter Generation und können auf eine lange handwerkliche Tradition zurückblicken. Ich war ja Neuling. Außerdem bin ich kein gelernter Metzger, sondern chef de cuisine"*, meint der Franzose mit einem leichten schottischen Akzent, den er sich über die Jahre angeeignet hat. Wie auch immer. Seine Lothringer Wurst als beste der Welt geadelt, war die kulinarische Sensation. Französische Radiosender, TV-Anstalten und Zeitungen berichteten über den ungewöhnlichen Self-Made-Man, der früher semi-professionell Rugby spielte, in britischen Michelin-Küchen arbeitete und nun dem Boucherie-Handwerk in seiner Heimat neue Impulse einflößt.

Das Geheimnis? *„Im Grunde geht es um die Balance, die Harmonie der Gewürze und natürlich um die Qualität des Fleisches. Ganz entscheidend ist auch seine Reifung"*, sagt der 47-Jährige, der die Schweine von einem Bauern aus der Region bekommt. *„Es geht um Respekt vor dem Handwerk und dem Tier, das langsam wachsen muss"*, fügt er hinzu. Er holte sich mit Christopher Mathis einen gelernten Metzger, der bei Patrick Gangloff, einem preisgekrönten Fleischer im „Krummen Elsass", lernte. Strubs Ideen und Mathis' handwerkliches Können sorgen nun dafür, dass die Charcuterie auch an einem verregneten Mittwochmorgen gut besucht ist – und das obwohl eine weitere, alt eingesessene Metzgerei in der 1 500 zählenden Gemeinde südlich von Sarrebourg nur einige Fußschritte entfernt liegt. Strub lässt sich bei seinem Tun problemlos über die Schulter schauen. Er wolft Nacken vom Schwein, gibt anteilig 10 Prozent Fett dazu, Pfeffer und Salz. Hinzu kommt Alkohol (gelegentlich darf das auch Whisky sein). Die Dauer der Räucherung hängt vom Außenklima ab. Der Lothringer bietet sämtliche Spezialitäten seines Landstrichs an. Presskopf, Sülze, Terrinen, Paté, Leberwurst, Roastbeaf und etliches mehr.

Eines ist auffällig. Die preisgekrönte Saucisson lorrain schmeckt erstaunlich mild. Ein Gedicht sind zweifellos auch seine saftigen Terrinen mit einem Schuss Picon. Im Grunde verbindet Strub die eher deftigeren Genüsse Ostfrankreichs mit der feinen Würzung der Sterne-Gastronomie. *„Ich halte mich an die Tradition, das klassische Handwerk. Aber natürlich möchte ich auch ein wenig überraschen."*, sagt der stämmige Bartträger, vom schnellen Erfolg selbst noch ein wenig verdutzt. Eigentlich wäre für Strub jetzt der richtige Zeitpunkt zu expandieren, eine Filiale beispielsweise in Metz, Nancy oder Straßburg zu öffnen. Doch das möchte der bedächtige Sohn eines Soldaten nicht. *„Das muss alles langsam wachsen. So wie es jetzt ist, ist es gut"*, sagt der Familienvater, der jedoch einen Onlineshop eingerichtet hat, so dass man seine Waren auch via Internet ordern kann.

Foie gras (hier Entenleberpastete) wird in großen Mengen bei dem Gourmet-Festival angeboten.

Foie gras von erlesener Qualität

- *Kulinarik-Festival in Phalsbourg lockt Gourmets in Scharen an*
- *Französische Spezialitäten – immer zur Adventszeit*

Vom Status eines Geheimtipps hat sich das Foie Gras Festival in Phalsbourg mittlerweile wohl etwas entfernt. Jeweils am zweiten und dritten Dezember-Wochenende eines Jahres findet das Kulinarik-Event statt. Neben Einheimischen reisen vor allem aus dem Saarland viele Gourmet-Freunde in das nette Städtchen im Département Moselle, um die reichhaltig vorhandenen Gaumenfreuden zu verkosten. Natürlich steht das berühmte fois gras (Enten- respektive Gänseleberpastete) im Fokus. Die Veranstaltung in der Adventszeit hat sich jedoch längst ganz generell zu einem Zentrum des guten Geschmacks à la française gemausert.

Man bekommt hier leckeres Macaron-Gebäck aus Saverne, edle Brände aus Troisfontaines, Safranfäden aus lothringischer Produktion, Lebkuchen von Fortwenger, der Traditionsmanufaktur aus dem Elsass, Bauern- und Kastanienbrot aus den Nordvogesen, Wurst und Fleisch von prämierten Metzgern wie Gangloff in Mackwiller, feinste Konfitüre und Honig – alles fait maison, Chocolatier-Spezialitäten, Vinum und Cremant aus dem Elsass oder Champagner aus Epernay. Selbst Austern aus der Bretagne werden zu perlendem Champagner feilgeboten. Insgesamt 40 Aussteller locken die Besucher mit ihren Ständen zum Verkosten. Mittlerweile schieben sich regelmäßig lange Schlangen durch die Halle am Rande des historischen Zentrums von Phalsbourg.

Ob sie vom Erfolg des kulinarischen Festivals selbst ein wenig überrascht ist? Die Frage geht an Odette Gully, stellvertretende Bürgermeisterin von Phalsbourg und Mitbegründerin des Foie Gras Festivals. *„Mittlerweile sind wir es gewohnt, dass uns viele Menschen besuchen. Wir laden sehr gerne Gäste ein. Aber es hat natürlich mal etwas kleiner angefangen. Damals wollten wir den Tourismus in der Region ankurbeln mit ausgewählten Produkten aus Lothringen und dem Elsass. Diesem Radius sind wir längst entwachsen"*, sagt die sympathische Dame zur Gründung des Festivals Mitte der 1990er Jahre.

i

Das Festival findet jeweils am zweiten und dritten Dezember-Wochenende eines Jahres statt (immer Sa. und So. 10 - 18 Uhr). Phalsbourg liegt einige Kilometer westlich von Saverne (über die E25). Das Festival foie gras ist im Ort bestens ausgeschildert und gleich hinter dem historischen Stadtzentrum.
www.phalsbourg.fr
(Infos etwa ab sechs Wochen vor dem Event).
Eintritt: 3 Euro.

Entenleberpastete der Ferme Monier beim Gourmet-Festival in Phalsbourg.

Auch Austern aus der Bretagne zählen zu den Verkaufsschlagern bei dem Festival.

In der Tat, mit der Champagne und der Bretagne hat man den Regionalitätsbegriff ziemlich weit ausgedehnt. Aber letztlich gehe es um die Qualität französischer Küche, die weltweit zu Recht den allerbesten Ruf genießt. Ob sie aufgrund des Erfolgs und des damit verbundenen Besucherstroms schon einmal daran gedacht hat, den Veranstaltungsort wechseln - hin zu einem größeren Etablissement? *„Nein, hier haben wir angefangen, hier sind unsere Wurzeln. Zudem ist dieses Festival nur mit viel ehrenamtlichem Engagement möglich. Die Halle gehört der Gemeinde. Wir bekommen sie nahezu kostenfrei. Das ist die Basis für dieses Festival. Anders geht es gar nicht"*, meint Odette Gully, während sie einmal mehr zahlreichen Besuchern die Hände schüttelt. Man kennt sich in Gourmet-Kreisen grenzübergreifend. 18 000 Besucher sind es in der Regel pro Jahr kurz vor Weihnachten - Tendenz steigend.

„Wir haben auch schon Besucher aus Frankfurt begrüßen dürfen. Aber normalerweise haben wir Gäste von der Mosel, aus der Pfalz, dem Saarland sowie Elsass und Lothringen", weiß die Organisatorin und fügt hinzu: *„Ich mag es einfach, wenn sich die Menschen hier treffen und bei einem guten Glas Wein, foie gras oder sonstigen lukullischen Genüssen austauschen. Das ist Geselligkeit, wie wir sie in Lothringen und ganz Frankreich lieben. Es ist einfach für alle Sinne bereichernd."* Und in der Tat: In der Enge des vorweihnachtlichen Genuss-Festivals - hier wird probiert, dort wird getratscht und ein Stückchen weiter hat man gerade Platz genommen, um ein Menü zu sich zu nehmen - kommt eine ganz besondere Stimmung auf. Und nicht zuletzt die Gänse- und Entenleberpastete, die Spezialität, die der Legende nach einst von Strasbourg aus ihren kulinarischen Siegeszug angetreten hat, wird in großen Gläsern an den Mann respektive an die Frau gebracht.

Zu den Spezialisten auf diesem Gebiet zählen beispielsweise die Ferme Monier aus Fraquelfing bei Phalsbourg oder Roger Bouhassoun aus Colroy-la-Roche in den Vogesen (Hostellerie La Cheneaudiere), die ihre Paté in großen Gläsern an den Mann respektive die Frau bringen. Die feine Paté, die offiziell zum gastronomischen Erbe der Grande Nation zählt, ist mit verschiedenen Aromen hausgemacht und in Sachen Qualität und Geschmack nicht mit deutschen Pasteten zu vergleichen (wobei hier nicht unerwähnt bleiben soll, dass die Herstellung von Stopf-Gänseleberpastete aus Tierschutzgründen in Deutschland verboten ist).

Etwas schüchtern linst dieses Damwild-Kitz zwischen den Bäumen hervor.

Hommage an die europäische Fauna

- *Tierpark Sainte-Croix widmet sich heimischer Tierwelt*
- *Luchs, Wolf oder Hirsch in Nahdistanz*
- *Kein gewöhnlicher Zoo*

Nur wenige Meter entfernt steht ein Hirsch mit seinem mächtigen Geweih - völlig stoisch mitten auf dem Weg. *„Wir bleiben am besten ganz ruhig. Denn wir befinden uns ja in seinem Territorium, nicht er in unserem. Er wird auch wieder gehen"*, sagt Fanny Heitz völlig unaufgeregt. Und in der Tat, einige Sekunden später trottet der „König der Wälder" auch schon wieder davon. Im Tierpark Sainte-Croix in Rhodes sind hautnahe Begegnungen mit der Tierwelt keine Seltenheit. Denn mit einem Zoo lässt sich der rund 130 Hektar große Tierpark nämlich keinesfalls vergleichen. Dichtmaschige Zäune sucht man hier vergebens. Stattdessen sind die Hürden, um Mensch und Tier zu trennen, in die Natur eingebettet. Sie fallen kaum ins Auge. Aber natürlich sind auch die Sicherheitsvorkehrungen in dem Tierreservat in Lothringen hoch - schließlich tummeln sich hier Braunbären, Luchse oder Wölfe.

„Die Tiere haben ein riesiges Rückzugsgebiet im Wald, natürlich sind auch die entsprechenden Arten voneinander getrennt", berichtet Tierpark-Mitarbeiterin Fanny Heitz. Rund 1 500 Tiere kann der Besucher in halb-freier Wildbahn entdecken - so steht es im Flyer, der für das Areal wirbt und pro Jahr rund 250 000 Menschen anzieht. Und so ist es in der Tat. Mehr wie ein Forscher oder Entdecker bewegt man sich zwischen den idyllisch gelegenen Wiesen, Seen und dem Waldgebiet - statt eines Touristen, der von Gehege zu Gehege eilt. In Sainte-Croix im Département Moselle geht es gemächlicher zu. Immer wieder sind Beobachtungspunkte in Form von Holzhütten aufgebaut, um in aller Ruhe, am besten mit einem Fernglas ausgerüstet, die faszinierende Tierwelt, die sich einem darbietet, zu beobachten. Denn: Wo kommt es denn schon vor, dass man einen Wolf beobachten kann, der etwas gelangweilt aus dem Unterholz hervorlinst oder eine Gruppe Gänsegeier, die sich auf einem Gesteinsmassiv versammelt hat, um nach Aas Ausschau zu halten - und dies in nur wenigen Metern Abstand.

Gegründet wurde der Park aus privater Initiative von Gérald Singer im Jahr 1980. *„Die Idee war, den Menschen die europä-*

Parc animalier de Sainte-Croix, Route de Sainte Croix, Rhodes (in der Nähe von Sarrebourg). Der Park hat jeweils von April bis Anfang November eines Jahres geöffnet (10 - 18 Uhr).
00 33 / 3 87 03 92 05
www.parcsaintecroix.com

Sehr selbstbewusst: ein mächtiger Rothirsch, der König des Waldes.

Gemütlich machen es sich die Wisente in Rhodes.

Auch Pelikane tummeln sich in dem Tierpark in Lothringen.

ische Tierwelt wieder näher zu bringen. Viele Kinder kennen heute doch eher Elefanten aus oder Affen aus Afrika durch den Zoobesuch oder das Fernsehen als den Wolf oder den Luchs, der früher hier bei uns heimisch war. Deshalb sollte hier ein Reservat geschaffen werden, wo die Tiere in relativer Freiheit leben, und vor allem die Kinder wieder mit ihnen vertraut gemacht werden können. Denn vor allem für Schulklassen war der Park zu Beginn konzipiert", betont Fanny Heitz. Gerade der Pädagogik und dem Schutz der europäischen Fauna hat sich der Tierpark verschrieben. Es gibt beispielsweise einen Bauernhof mit 25 Haustierarten und einem Streichelzoo, eine Entdeckungstour in die Welt der unterirdischen Tiere oder etliche Workshops und Führungen zu Biodiversität.

Drollige Zeitgenossen: Murmeltiere vor ihrem Bau.

Zudem nimmt der Tierpark am europäischen Programm zum Schutz bedrohter Tierarten teil. Highlights für Jung und Alt sind naturgemäß auch die Fütterungen der Tiere. Hauptdarsteller gibt es in Sainte-Croix westlich von Sarrebourg etliche. Waschbären kann man in Augenschein nehmen ebenso wie europäische Bisons, Wisente, Polarfüchse, Rentiere, Murmeltiere, Pelikane oder Lemuren aus Madagaskar. Eindeutiger Star ist derzeit jedoch zweifelsohne der Hirsch. Der ist nämlich bis Mitte Oktober in der Brunft - unverkennbar wie man an seinem kehligen Röhren vernehmen kann, das immer wieder durch den Park tönt. Das Schauspiel der Herde ist faszinierend zu betrachten. Vor dem geschützten Beobachtungspunkt entfaltet sich ein weites Feld und man beobachtet, wie sich der Rothirsch immer wieder die eine oder andere Partnerin zur Paarung ausguckt - offensichtlich nicht immer ganz zu deren Freude. Denn: Sobald der maskuline Geweihträger seine Auserwählte fixiert hat, ist diejenige meist schon wieder auf dem Sprung und sucht das Weite. Ein Schauspiel, das sich in all seiner Dynamik in schöner Regelmäßigkeit wiederholt. Ein weiterer wichtiger Protagonist ist fraglos der Grauwolf, der etliche seiner Fans nach Lothringen zieht. Seit einiger Zeit kann man im Park nämlich in Baumhäusern oder Holzhäusern übernachten. Nur eine Glasscheibe trennt die Öko-Touristen dann vom Wolfsrudel und ihrem nächtlichen Geheul.

Das lupenreine Kristall war bei Aristokratie und Großbürgertum sehr beliebt.

Kristallglas für die alte Aristokratie

- *Objekte der Cristallerie Vallerysthal waren einst an den Höfen Europas begehrt*
- *Verspielte Glaskunst einer vergangenen Ära*

Lothringen hat bekanntlich ein stattliches Erbe in handwerklicher Kristall- und Glaskunst. Man denke nur an die prestigeträchtige Kristallmanufaktur von Baccarat, die Königliche Glaserei von Saint-Louis-lès-Bitche (der ersten, der 1781 auf dem europäischen Festland die Herstellung von Bleikristall gelang) oder die Glashütte von Meisenthal. Sie alle zeugen vom reichhaltigen kunsthandwerklichen Kulturerbe im Osten Frankreichs. Einer der renommiertesten Werkstätten ist die Cristallerie Vallerysthal am Rande der Nordvogesen. Sie ist eine der ältesten französischen Kristallmanufakturen. Ihr lupenreines Kristall war einst an den Höfen in ganz Europa begehrt.

Die Cristallerie basiert auf einer langen Tradition. 1707 hatte Herzog Leopold von Lothringen die Erlaubnis für eine Glasmanufaktur in Plaine-de-Walsch erteilt. 1838 kam die benachbarte Glashütte von Vallerysthal als Tochterunternehmen hinzu. Seit jener Zeit werden hier edle Weingläser, Karaffen, Kronleuchter, Kerzenständer, Vasen, dekorative Figuren und etliches mehr kreiert. Dieser langen Tradition fühlt sich Anneliese Haeckler zugehörig. Bereits ihr Ur-Ur-Großvater arbeitete in der Glashütte von Vallerysthal, einem Ortsteil von Troisfontaines. Sie ist für den Verkauf der edlen Waren zuständig. *„Es handelt sich um eine Handwerkskunst, die über viele Generationen weitergegeben wurde. Die Arbeiter hatten früher viele Privilegien und waren hoch angesehen. Das alte Wissen und die Rezepturen dürfen nicht sterben. Dieses Kulturerbe gilt es zu erhalten"*, betont sie. 1870 fusionierte die Manufaktur mit der Glashütte Portieux in den Vogesen. Gemeinsam zählten sie zu den größten Unternehmen ihrer Art in Europa.

Um das Jahr 1900 arbeiteten rund 1 300 Menschen in den Werkstätten. Stolz präsentiert Anneliese Haeckler eine Kollektion von Butterschalen aus verschiedenfarbigem Kristall mit Fabelwesen, Krokodilen und Kamelen als Deckelaufsatz. Sehr nobel, sehr verspielt, aber auch reichlich bizarr – wie einer anderen, längst untergegangenen Epoche entsprungen. Gebrauchskunst für Menschen mit einem Sinn für das Besondere, etwas Abseitige. In jedem Fall jedoch für einen Personenkreis, der mit einem entspre-

i

Cristallerie Vallerysthal, 12 rue des cristalleries, Troisfontaines, übliche Ladenöffnungszeiten mit Mittagspause.
✆ 00 33 / 3 87 25 62 04
www.cristalleriedevallerysthal.fr

Anneliese Haeckler präsentiert Kristallglas der Manufaktur Vallerysthal, einer der renommiertesten Europas.

Für extravagante Geschmäcker: Glasschale in Form eines Kamels.

chenden Portemonnaie ausgestattet sein sollte. Die Kundschaft für derartige Produkte wächst wohl nicht so einfach nach. Aristokratie und Großbürgertum als potenzielle Kundschaft sind offensichtlich nicht mehr so reichlich vertreten. Dennoch: *„Gerade war eine Jagdgesellschaft bei uns zu Gast. Die Männer waren auf der Pirsch, die Damen haben sich im Verkaufsraum umgesehen und das eine oder andere erstanden"*, berichtet die Lothringerin.

Ein bisschen skurril: Der Deckelaufsatz einer Butterschale konnte auch mal ein Frosch sein.

Vornehmlich französische Restaurants beliefert die Traditionsmanufaktur. Etliche von ihnen sind mit einem Michelin-Stern ausgezeichnet und legen Wert auf ebenso edles wie robustes Kristall. *„Wir haben früher Émile Jung, den Drei-Sterne-Koch aus Strasbourg und sein Restaurant Crocodile, beliefert"*, berichtet Haeckler. Auch Sterne-Restaurants im Südwesten Deutschlands stehen auf ihrer Kundenliste. In der Vergangenheit hatte die Manufaktur etliche Größen des kulturellen Lebens auf ihrer Kundenliste. Die bekannte französische Schriftstellerin des 19. Jahrhunderts, George Sand, ebenso wie den Komponisten Frédric Chopin. Doch der Ruhm verblasste. Die Nachfrage sank im Laufe der Jahrzehnte ebenso rapide wie die Mitarbeiterzahl. Noch etwa 200 Menschen arbeiteten in den 1970er Jahre in der Manufaktur. 2012 erlosch der letzte Ofen. Heute verkauft man aus dem Bestand. Zudem stellen Glasmacherschüler die Modelle her.

„Früher haben Mädchen zu ihrer Kommunion Geschirr für den künftigen Hausstand bekommen. Brautpaare haben für ein repräsentatives Tafelservice gespart. Das ist vorbei. Heute geht man in ein Warenhaus und kauft dort alles ein", sagt sie achselzuckend. Probleme gebe es heutzutage auch mit Kopien aus China oder dem Reglement der Europäischen Union, die bestimmte Farben wegen Gesundheitsgefährdung verbietet. Kein leichter Job also für Anneliese Haeckler, die in dem alten Gebäude mit der benachbarten Werkstatt mit Verve für die Kristallglaskunst aus ihrem Heimatort kämpft.

Glaskunst ist im Heliodome ebenfalls zu begutachten.

Ein Leben im Rhythmus der Sonne

- *Heliodome speist sich gänzlich aus Solarenergie*
- *Architektur orientiert sich an einer Sonnenuhr*
- *Das Wissen der alten Griechen genutzt*

Es ist fast so etwas wie ein ökologisches Manifest für das Nordelsass – das Heliodome in Cosswiller. Konstruiert wurde es von dem Möbel-Designer Eric Wasser. Orientiert hat er sich bei dem Bau des Passivhauses an einer Sonnenuhr. Mehr als 80 Prozent Energie spart er ein, nutzt weder Strom noch Öl. Im Winter kommt er ohne Heizung aus, im Sommer wiederum sorgt die raffinierte Konstruktion aus Glas und Holz dafür, dass sich das Gebäude nicht unnötig aufheizt. *„Ich habe natürlich viele Jahre experimentiert und geforscht, ehe ich das Projekt realisiert habe. Ich habe mich bei dem Bau des Hauses schlicht an einer Sonnenuhr orientiert. Das Gebäude funktioniert gänzlich im Rhythmus der Sonne. Es ist ein Leben im Einklang mit der Natur"*, erklärt der 58-Jährige.

Im Winter nutzt das bioklimatische Haus die Solarenergie aufgrund seiner Ausrichtung optimal aus, im Sommer bleibt sie vor ihr geschützt. Selbst beispielsweise an einem herbstlichen, aber dennoch sonnigen Tag Mitte November entsteht in dem Haus eine wohlig-warme Atmosphäre. *„Im Winter wird jeder Sonnenstrahl aufgrund der Form des Hauses optimal ausgenutzt. Da wärmt selbst der kleinste Strahl. Die Frontform des Hauses entspricht der Bahn eines Sonnentags, das Dach der Bahn eines Wintertags. Im Grunde nutzte ich nur uraltes Wissen"*, sagt der Visionär, dem die Begeisterung für das Solar-Projekt, das er als Erster in die Realität umgesetzt hat, deutlich anzumerken ist. In seiner Konstruktion ist das außergewöhnliche, rund zehn Meter hohe Haus gänzlich einem Sonnenempfänger nachempfunden. Seine Form ergibt sich eben aus der kombinierten Jahres- und Tageslaufbahn der Sonne. *„Die Sonne hat im Grunde bereits jeder Zivilisation schon weit vor uns die richtigen Antworten gegeben. Schon die Kelten haben sich daran orientiert. Oder die Geometrie der alten Griechen. Darin steckt das gesammelte Wissen über die Welt. Es ist schade, dass dieser Fundus im Laufe der Zeit verloren gegangen ist. Ich möchte es wieder zurückholen"*, sagt der Solar-Pionier aus der Nähe von Wasselonne.

Mehr als 300 000 Euro hat er in das futuristisch anmutende Projekt aus Holz, Beton und einer riesigen, transparenten Glas-Fassade gesteckt. Ins Fundament

Heliodome, 10 rue du Diebach, Cosswiller.
Tel: 00 33 / 3 88 87 09 66 (Voranmeldung)
www.heliodome.com
Eric Wasser spricht Deutsch. Cosswiller befindet sich südlich von Saverne/westlich von Wasselonne.

Das Heliodome in Cosswiller beeindruckt schon allein mit seinem außergewöhnlichen Design.

Das Interieur des Objekts etwas südlich von Saverne.

hat Eric Wasser bei der Grundsteinlegung fünf Kristalle eingebracht, welche das mathematische Wissen und die geometrischen Formeln der Griechen beinhalten. Mittlerweile kommen viele Interessierte aus nah und fern in den Osten Frankreichs, um sich das Heliodome südlich von Saverne anzuschauen.

Visionär Eric Wasser, hier mit einem Oloid, einem geometrischen Körper.

Der Nordelsässer erhielt bereits diverse Preise: einen Erfinderpreis aus Frankreich und einen Solarpreis aus der Schweiz. Weitere Heliodome in der Schweiz, den Vogesen und Bischwiller bei Haguenau sind zum Teil realisiert und noch in Planung. Ende der 1990er Jahre hatte der Elsässer das unkonventionelle Gebäude ausgetüftelt. Die Idee für das ebenso ungewöhnliche wie innovative Konstrukt hatte der Designer bereits 1982. Während seiner Lehre als Schreiner war ihm ein Buch über Sonnenuhren mit unzähligen Formeln und Zahlen in die Hand gefallen. Seitdem beschäftigt sich der seit jeher ökologische interessierte Mann gedanklich mit dem Projekt. Demnächst will der gelernte Tischler und Schreiner in das einer Skulptur ähnliche Gebäude (rund 200 Quadratmeter Wohnfläche), einziehen.

Derzeit lebt er mit seiner Gattin Caty Wasser, einer Glas-Künstlerin, noch in seinem Bauernhof gleich neben dem Objekt. Denn ganz fertig ist das Heliodome noch nicht. Den Traum vom umweltbewussten Leben in einem klimaneutralen Haus, das ausschließlich von erneuerbaren Energie gespeist wird, hat der Öko-Pionier bereits jetzt schon realisiert. Das Gebäude wird das ganze Jahr über auch für Konzerte, Tagungen oder Vorträge genutzt. Einen Besuch wert ist auch das Atelier seiner Partnerin. Die Französin fertigt extravagante Glaskunst an. Im Heliodome befindet sich eine permanente Ausstellung ihrer ebenso formschönen wie unkonventionellen Stücke.

Chocolatier Jean Plumery demonstriert wie die Schokolade für die Form vorbereitet wird.

Wenn der Eiffelturm auf der Zunge zergeht

- *Chocolatier betreibt ein Museum mit ungewöhnlichen Gussformen für Schokolade*
- *4 000 skurrile Formen aus Weißblech*

Jean Plumereys Verhältnis zur Kakaobohne könnte man zweifellos als inniglich bezeichnen. Der 53-Jährige aus Saint Jean Kourtzerode bei Phalsbourg ist ein Chocolatier aus Leidenschaft. Vor allem die Historie des Handwerks und die Produktionsweise der Vorväter begeistern den Lothringer. Daher hat er vor einigen Jahren ein kleines, aber feines Museum aus der Taufe gehoben. In einem Nebenraum seines Hauses befinden sich über 4 000 Schokoladen-Gussformen diverser Epochen hinter Glasvitrinen. *„Die älteste ist etwa von 1840. Nach dem Zweiten Weltkrieg nahmen Gussformen aus Weißblech rapide ab. Man benutzte von nun an Kunststoff. Das war billiger und ging schneller. Aber ich hänge an diesen traditionellen Gussformen. Sie stehen für eine andere Qualität"*, erklärt Jean Plumerey.

Wohin man auch schaut, sieht man Formen in allen erdenklichen Variationen. Die Tierwelt ist stark vertreten: Fische, Störche, Bären, Wildschweine aber auch exotischere Varianten wie Affen, Krokodile oder Elefanten. Natürlich sind Nikoläuse oder Osterhasen überproportional repräsentiert. Aber offensichtlich waren der Fantasie bei den Schokoladen-Kreationen kaum Grenzen gesetzt. Gussformen des Eiffelturms aus dem Jahr 1900, als die Weltausstellung in Paris stattfand, gesellen sich zu Clownfiguren, Babys, Jägern und Handwerksberufen oder Märchenfiguren wie Aschenputtel.

Ein besonders exotisches Exemplar mit teuflischen Zügen präsentieren Jean Plumerey und seine Gattin mit dem sogenannten Krampus, quasi die österreichische Variante des Knechts Ruprecht zur Weihnachtszeit. Der 50-Jährige hat seine riesige Sammlung – nur im baskischen Biarritz gibt es in Frankreich eine ähnlich große Kollektion – über die Jahre zusammengetragen. Vor allem auf Flohmärkten wurde er fündig. Oder bei Auflösungen von Bäckereien und Kon-

i

Chocolatier Jean Plumery, 11 rue de l' eglise Saint Jean, Kourtzerode (bei Phalsbourg, unweit der N4), Das Museum befindet sich in einem unscheinbaren Wohnhaus.
✆ 00 33 / 3 87 03 58 46
Jean Plumerey und seine Gattin sprechen Deutsch. Gruppenführungen plus Degustation sind nach tel. Rücksprache möglich.

ditoreien. Die Faszination für die Gussformen ist dem Lothringer deutlich anzumerken. Für die Kunststoff-Formen der Neuzeit hat er nichts übrig. „*Kollegen denken manchmal, ich bin ein wenig verrückt, bei dem ganzen Aufwand, den ich betreibe. Gießen mit diesen alten Formen dauert in der Regel vier Stunden. Bei Bestellungen brauchen wir entsprechende Vorlaufzeiten. Aber das ist es definitiv wert. Die historischen Gussformen sind ganz anders ausgearbeitet. Die Details und die Finessen sind beim Endprodukt viel deutlicher zu erkennen als bei den groben Formen heutzutage. Zudem ist dies auch eine Hommage an die Ästhetik und Tradition unseres Handwerks*", so der passionierte Chocolatier. Und der Ostfranzose weiß durchaus, wovon er redet. Seine Kreationen ziehen Naschkatzen von Metz und Nancy oder Strasbourg und Colmar nach Ost-Lothringen. Im Gault & Millau wird er lobend erwähnt. Von der Handelskammer des Départements Moselle wurde er für Innovationen und kulinarische Kreativität ausgezeichnet. Etliche Bus-Unternehmen aus Frankreich, Österreich oder Belgien steuern das kleine Atelier nebst Museum mittlerweile an, um dem Meister bei seiner „production artisanale" über die Schulter zu blicken.

Mehr als fünf Tonnen Schokolade verarbeitet Plumerey pro Jahr. Dabei setzt er auf beste Qualität und wird von Plantagen aus Südamerika und Afrika beliefert. Vorwiegend dunkle Tafelschokolade mit über 70 Prozent Kakaoanteil produziert der Handwerker aus Moselle. Hinzu kommen Pralines, Orangetten, Liköre, seine kunstvollen Schokoladen-Formen und viele weitere Leckereien aus der berühmten Bohne. Über die könnte Jean Plumerey, der

Teufel, Baby, Harlekin – drei der Gussformen aus Weißblech im Museum in der Nähe von Phalsbourg.

sogar ein Patent auf seine Schokolade angemeldet hat, stundenlang philosophieren. Er weiß, wie ein Sommelier, welches Getränk am besten zu welcher Schokolade passt. „*Unter 70 Prozent Kakaoanteil bedeuten viel Tannin. Da passt ein Rotwein sehr gut dazu. Wenn es mehr als 72 Prozent sind, ist ein Kaffee geradezu ideal.*"

Und schon beginnt er eine kleine Vorführung und demonstriert, wie Schokolade in eine Gussform geträufelt wird. Ganz entscheidend. Er schmiert die Innenseite der Form vorher mit Schokolade ein. Denn das bringe den besonderen Schmelz auf der Zunge. „*Das macht eigentlich kaum einer mehr. Den meisten ist das zu viel Arbeit. Für mich gebietet es der Respekt gegenüber der Handwerkskunst und natürlich dem Kunden*", erläutert der Schoko-Künstler. Die Kakao-Masse aus Kakaobutter und Rohrzucker wird zunächst heruntergekühlt, ehe sie sorgfältig verstrichen wird. Plumerey weiß natürlich auch über die gesundheitlichen Vorzüge seines Produkts ausführlich zu berichten. „*In dunkler Schokolade ist viel Magnesium und Calcium enthalten. Früher galt Schokolade ja als reine Medizin. Es ist eben ein rundum positives Produkt, das viele an die Kindheit erinnert.*"

Freilich werden beim Genuss auch Endorphine ausgeschüttet. Gerade die aufwendige Arbeitsweise mit feinsten Zutaten, wie sie der Mann aus Moselle betreibt, hebt den edlen Charakter der Bohne hervor. Und speziell Kinder können sich an seinen Schokoladen-Kreationen, die bis zu zwei Kilo auf die Waage bringen, wohl kaum satt sehen.

Rund 4000 Gussformen werden in dem kleinen Museum ausgestellt.

Brunnen, Treppen oder Kamine werden aus dem Material des Steinbruchs hergestellt.

Im Steinbruch von Niderviller

- *Rosafarbener Stein bei Bildhauern beliebt*
- *Straßburger Münsterbauhütte zählt zu den Kunden*

Benoit Metzger hat hochkarätige Kundschaft. Ein- bis zweimal im Jahr kommen Steinmetze des Straßburger Münster in seinen Steinbruch in Niderviller am Rande der Nordvogesen vorbei. Sie nehmen dann in der Regel etliche Blöcke des für die Vogesen typischen Sandsteins mit, um damit behutsam das Münster zu restaurieren. Metzger zeigt ein Foto mit Widmung, das ihm die Münsterbauhütte geschenkt hat. Darauf zu sehen ist die Skulptur eines Hundes aus rosa Sandstein auf dem Dach der Kathedrale. *„Dieser Hund wurde aus unserem Material gemacht. Nach der Fertigstellung war der damalige Präsident Nicolas Sarkozy zu Gast in Straßburg. Seine Frau Carla Bruni hatte damals den Hund sehr, sehr liebevoll getätschelt"*, erinnert sich der Mann mit der Wollmütze schmunzelnd an die kurze Liebkosung des früheren Models zurück. Weitere Restaurierungen am Münster oder ein Fabelwesen in unmittelbarer Nähe der 1 000 Jahre alten Kathedrale, die zeitweise das größte Monument der Christenheit war, stammen aus dem Steinbruch des 54-Jährigen.

Bereits seit 1735 werden hier tonnenschwere Quader aus dem Fels etwas außerhalb von Niderviller gebrochen. Damals wie heute in mühevoller Handarbeit - heutzutage jedoch mit Hilfe von Sprengstoff, Bagger, Radlader und Diamantbohrer. Oder: Gebohrt, gesprengt, gespalten - wie Metzger sagt. *„1735 hatte die lokale Fayencerie ihren Betrieb aufgenommen. Sie ist eine der ältesten Keramikwerkstätten Lothringens und in ganz Frankreich bekannt. Die zeitgleiche Inbetriebnahme ist natürlich kein Zufall. Der Steinbruch und die Brennöfen der Manufaktur haben miteinander korrespondiert"*, weiß der gelernte Technische Zeichner.

Seit 1950 wird der Steinbruch im Wald von der Familie Metzger betrieben und ist aktuell noch bis 2030 von der Gemeinde gepachtet. Der Großvater erzählte dem jungen Benoit, dass er dort während des Zweiten Weltkriegs Mitglieder der Résistance versteckt hatte. *„Später als wir Kinder waren, war das für uns logischerweise auch immer eine Art Abenteuerspielplatz. Ich bin quasi mit dem Steinbruch aufgewachsen"*, sagt der Lothringer aus Plaine-de-Walsch bei Sarre-

Les carrières frères Metzger, Chemin carriers, Niderviller.
✆ 00 33 / 3 87 23 79 32
(Nach Voranmeldung, Benoit Metzger spricht Deutsch.) Niderviller liegt südlich der N4 bei Buhl-Lorraine.

Große Blöcke markieren den Eingang des Steinbruchs von Niderviller.

Chef Benoit Metzger arbeitet für Kirchen, Rathäuser oder Privatkunden.

Unter anderem die Bauhütte des mehr als 1000 Jahre alten Straßburger Münster zählt zu den Abnehmern.

bourg, der perfekt Deutsch spricht – nur einige Kilometer weiter trennt die Sprachgrenze die Elsässer respektive Lothringer Mundart vom romanischen Sprachraum.

Vornehmlich Brunnen, Treppen, Kamine, Briefkästen, Bänke, Grabsteine, Fassaden oder Schleifsteine stellt der Betreiber mit seinem sechsköpfigen Team aus Steinhauern her. *„Es gibt zum einen die Unternehmen, die ganze Blöcke mitnehmen und dann selbst bearbeiten, wie die Steinmetze des Münsters. Aber wir haben auch private Kunden, die nicht die Möglichkeit haben, den Stein zu bearbeiten und dann von uns in der gewünschten Fassung gefertigt erhalten. Oftmals sind es Dinge zur Dekoration des Gartens."*

Kürzlich hat er einen Auftrag des Hauptbahnhofs Straßburg zur Fassadengestaltung im Innenbereich erhalten. Auch Kommunen in Lothringen und Elsass zählen zu den Auftraggebern, beispielsweise wenn der Dorfbrunnen oder die Rathaustreppe erneuert werden. *„Unsere Kundschaft kommt grob gesagt aus der Gegend von Nancy, Metz bis Straßburg. Der rote Sandstein steht nun mal für eine besondere Qualität. Zudem repräsentiert er ganz einfach unsere Region"*, sagt der 54-Jährige, der auch als Sprengmeister fungiert. Selbst eine Kirche im südbadischen Rheinhausen zählte bereits zu den Abnehmern.

Den feinkörnigen Stein gibt es in Niderviller in Rosa, Rotbraun und Grau. Der typische Vogesenstandstein zählt zu den Buntsandsteinen, die vor rund 200 Millionen Jahren aus einer Verkittung von Sandkörnern, die hauptsächlich aus Quarz bestehen, entstanden sind. Seine rosarote Farbe kommt vom eisenhaltigen Mineral mit Namen Hämatit, dessen Wortursprung im griechischen Wort Blut liegt. Die Arbeit sei zwar physisch anstrengend. *„Aber viel problematischer ist die große Konkurrenz aus Indien und China mit billigem Stein, die uns das Leben schwermacht. Hinzu kommen ständig neue Auflagen der Ämter und Behörden"*, seufzt der Steinbruch-Betreiber.

Was ihn jedoch freut, ist, dass viele Bildhauer seinen Sandstein zu schätzen wissen. Was Metzger zudem zufriedenstellt, ist der Fakt, dass mit dem Material aus seinem Bruch Bleibendes geschaffen wird. *„Daraus entstehen Gebäude oder Dinge, welche die Jahrhunderte überdauern. Der rosa Sandstein prägt das Elsass, wie es beispielsweise der ockergelbe Sandstein von Jaumont in der Stadt Metz tut. Das ist unsere Historie"*, sagt der Steinbruch-Betreiber. Freilich lässt ihn die Faszination für den Fels auch in seiner Freizeit nicht los. *„Ich bin immer auf den großen Natursteinmessen in Nürnberg oder Verona unterwegs. Auch die Urlaubsziele werden, wenn ich ganz ehrlich bin, primär nach der Gesteinsart gewählt"*, meint er fast schon entschuldigend.

Der Whisky „St. Patrick" ist das Vorzeigeprodukt der Edel-Brenner. Sie stellen einen „Single Malt" und einen „Single Cask" her.

Whisky made in Moselle

- *Brennerei aus Troisfontaines produziert das schottische Nationalgetränk*
- *Distillerie stellt auch Rum her – als einzige in Frankreich*

Brennereien gibt es zahlreiche im Département Moselle. Doch nur eine, die mit einer eigenen Whisky-Marke aufwarten kann. Die Rede ist von der „Distillerie artisanale du Castor" in Troisfontaines südöstlich von Sarrebourg, die sich bereits vor mehr als zehn Jahren eingehend mit dem schottischen Nationalgetränk befasst hat. Seit einiger Zeit ist nun der Whisky made in Lorraine auf dem Markt. *„Wir bieten einen Single Malt und einen Single Cask an. Die Reifezeit beträgt zwischen drei und sieben Jahren. Wir haben intensiv experimentiert und sind sehr stolz auf unseren Whisky"*, sagt Patrick Bertin, der gemeinsam mit seinem Sohn Julien die Familien-Brennerei leitet.

Bereits in vierter Generation ist das Traditionsunternehmen in der Veredlung von Bränden tätig. *„Wir haben in Metz eine der besten und größten Malzfabriken Europas. Zudem haben wir hervorragende Gerste und eine sehr gute Wasserqualität. Hinzu kommt unsere lange Erfahrung in der Herstellung von Bränden. Da haben wir uns gedacht, warum nicht mal Whisky probieren"*, berichtet der 61-jährige Senior-Chef. Gesagt, getan. Die Grundlage für einen guten Whisky ist neben der Destillierung und dem Fermentationsprozess insbesondere die Fassreifung. Sherry-Fässer aus Andalusien wurden eigens dafür angeschafft, um der Edelspirituose das entsprechende aromatische Finish zu verleihen.

„Whisky boomt gerade, gerade auch im regionalen Segment. Das merken wir auch daran, dass sich die Preise für die Sherry-Fässer in jüngster Zeit fast verfünffacht haben", erläutert Patrick Bertin, der das „Wasser des Lebens" aus eigener Produktion praktischerweise „St. Patrick" genannt hat. *„Da ist mein Name mit drin, kombiniert mit dem irischen Schutzheiligen. Das ist doch eine unschlagbare Kombination"*, meint der Bonvivant gut gelaunt, während er den Moselle-Whisky zur Degustation offeriert. Ein milder,

i

Distillerie Artisanale du Castor, 53 Avenue de la Vallée, Troisfontaines (direkt am Ortseingang) südöstlich von Sarrebourg.
Öffnungszeiten (inkl. Degustation):
Mo.-Fr. 9-12 Uhr und 14-18 Uhr,
Sa. 9-12 Uhr
✆ 00 33/3 87 25 15 06
www.distillerieducastor.fr
Bei größeren Gruppen empfiehlt sich Voranmeldung.

Eine alte Brennblase im Ladengeschäft des Traditionsbetriebs.

Patron Patrick Bertin mit den in der Brennerei hergestellten Spirituosen: Whisky, Gin, Rum oder Wodka.

geschmackvoller Whisky mit 42 Prozent Alkoholgehalt, der nicht getorft ist und dem Gaumen mundet. Pro Jahr werden rund 3 000 Flaschen produziert.

Das schottische Nationalgetränk ist im Übrigen nicht das einzige Alleinstellungsmerkmal der innovativen Brenner aus dem Biebertal. Auch Rum stellen die Bertins her – und zwar als Einzige in ganz Kontinental-Frankreich (abgesehen von den Überseegebieten). In der Regel wird der Zuckerrohrschnaps aus der Karibik importiert. Die eine oder andere Brennerei der „Grande Nation" finisht den Rum auch selbst, soll heißen: Sie übernehmen die Reifung in eigenen Fässern. Nur bei der „Distillerie artisanale du Castor" wird der Rum von A bis Z hergestellt. *„Den Zucker dafür bekommen wir aus Portugal, für die Reifung nutzen wir Bourbon-Fässer. Der Rest ist handwerkliches Arbeiten und viel Erfahrung. Wie bei allen Obstbränden wird bei uns der Rum zweimal gebrannt. Einen braunen sowie einen weißen Rum haben wir seit einigen Jahren im Sortiment"*, erzählt der Senior-Chef, der neben dem Know-how, welches er vom Vater und Großvater vermittelt bekam, einst Kurse an der Universität Segonzac nahe der Weinbrand-Metropole Cognac im Likör-Management absolvierte.

Während in Deutschland Rum nicht unbedingt als Spirituose erster Wahl gilt, lieben die Franzosen den Zuckerrohrschnaps aus der Karibik heiß und innig. Bertin weiß auch warum: *„Frankreich ist seit jeher eine Seefahrernation mit einem langen kolonialen Erbe. Guadeloupe oder Martinique zählen zu unseren Überseegebieten. Wir kennen Rum und lieben die alten Seeräubergeschichten"*, gesteht er schmunzelnd. Auch den Wacholder-Schnaps Gin sowie Wodka brennen die Lothringer selbst. Ihr Kerngeschäft, mit dem alles begann, sind allerdings die klassischen Obstbrände. Mirabelle, Williams Birne, Kirsch, Zwetschge oder Muskat-Grappa. Rund 50 verschiedene Schnäpse locken zum Verkosten im freundlich eingerichteten Ladenlokal direkt am Ortseingang von Troisfontaines. Liköre und Eaux de Vie zählen ebenfalls zum Portfolio.

Ihre Spirituosen gehen an die feinsten Adressen im Land – beispielsweise ans Hotel Balzac auf den Champs-Élysées in Paris. *„Das hier ist der Obstbrand Reine Claude, auf Deutsch Edel-Zwetschge. Sehr delikat. Es heißt, der lothringische Herzog Stanislas hat sie eigens für seine Gattin kreiert"*, weiß der Patron, der im Deutsch mit Moseller Zungenschlag parliert. Demnächst planen Junior und Senior einen Anis-Schnaps zu produzieren, zudem einen Likör mit Bergamotte-Geschmack – einer Zitrusfrucht, die sich besonders in der Region Nancy großer Beliebtheit erfreut. Keine Frage, die Ideen werden dem experimentierfreudigen Familienbetrieb wohl so schnell nicht ausgehen.

Christophe Henselmann prüft jeden der handgefertigten Ziegel, ehe sie die Fabrik verlassen.

Ziegelmacher – „ich kann ein Dach lesen“

- *Letzter handwerklicher Ziegelmacher Lothringens*
- *Ziegel für Abteien, Schlösser und Fachwerkhäuser*
- *Tradition des Feierabendziegels*

Ein wenig mutet ein Besuch bei der Ziegelei von Christophe Henselmann in Niderviller wie eine Zeitreise an. Der 53-Jährige produziert handgemachte Ziegel für Kirchendächer, Fachwerkhäuser oder Schlösser in ganz Frankreich, vornehmlich jedoch für unter Denkmalschutz stehende Gebäude im Elsass. An einem kalten Wintermorgen fühlt man sich zurückversetzt in eine längst verblichene Zeit in der „Tuilerie" in Lothringen. Die Maschinen sind alt, kaum eine ist nach dem Zweiten Weltkrieg angeschafft worden. *„Wenn nötig, lasse ich sie reparieren, aber zumeist tun sie zuverlässig ihren Dienst"*, sagt der Chef der in die Jahre gekommenen Ziegelei. Im Département Moselle ist Henselmann der Letzte, der Dachziegel noch nach traditioneller Art brennt. In ganz Frankreich schätzt er, dass es noch etwa zehn seiner Kollegen gibt.

Im Grunde profitiert der Mann aus Niderviller von einer Marktlücke. Denn einerseits werde der Denkmalschutz in Frankreich immer strenger ausgelegt und andererseits könnten moderne Groß-Ziegeleien diese Arbeit, die er ausfüllt, gar nicht leisten. Es fehle das handwerkliche Wissen und auch das Interesse, kleinere Margen zu produzieren, wie er dies tue. Mal eben 500 Ziegel speziell für ein bestimmtes historisches Gebäude herstellen? Dann kommt der Handwerker aus dem Ort südöstlich von Sarrebourg, an dem schon seit 1722 Ziegeln gebrannt werden, ins Spiel. Ob das Hotel de Ville in Belfort, die Haut-Koenigsbourg, das Maison Pfister in Colmar, die Kathedrale von Auxerre in Burgund oder der Glockenturm der Abtei-Kirche von Wissembourg – Henselmann hat mit seinen drei Mitarbeitern schon viele marode Dächer vor Regen und Schnee geschützt. Er ist ausschließlich für die Fertigung zuständig, ehe die Dachdecker zum Zug kommen.

„Ich kann ein Dach lesen", sagt Henselmann einen erstaunlichen Satz. Man merkt die Passion des Ziegelmachers, der wie er sagt, immer mit einem Blick nach oben durch die Straßen geht und den es mit Stolz erfüllt, wenn er nach getaner Arbeit seine Objekte mustert. Dass er gerade in Niderviller tätig ist, ist kein Zufall. Hier gibt es ein

Tuilerie de Niderviller, 5 rue de la tuilerie, Niderviller.
✆ 00 33/3 87 03 81 90
www.tuileriedeniderviller.com
Christophe Henselmann spricht Deutsch.

reichhaltiges und qualitativ gutes Tonvorkommen und weichen Sandstein. Sein Großvater hatte die Ziegelei einst erworben. *„Dann ist die Fabrik umgezogen, quasi dem Ton gefolgt"*, sagt der Franzose, während er über altertümliche Leitern durch die zugige Fabrik führt.

Die Blütezeit hatte die Tuilerie in den 1930er Jahren mit mehr als 100 Mitarbeitern. Heute hat er zwar nur noch drei Mitarbeiter, aber er wird stark nachgefragt. Das Jahr ist er fast schon komplett ausgebucht. Der 53-Jährige nimmt einen Ziegel zur Hand und schlägt darauf. Ein hohler Klang ertönt. Jede einzelne Schindel werde auf ihre Qualität geprüft. Am Klang erkenne man mögliche Risse. *„Ein solide gebrannter Ziegel hält gut 100 Jahre. Und nur traditionelle Ziegel passen zu einem historischen Gebäude. Wenn eine alte Abtei mit modernen, genormten Ziegeln gedeckt wäre, das für das Auge alles andere als schön und stimmig"*, erläutert er, während er die soeben geprüfte Ziegel für gut befunden hat. Vornehmlich sogenannte Biberschwänze produziert der Handwerker. Diese sind flach und unten abgerundet. Jede Region habe ihre eigene Tradition. Schon im südlichen Elsass im Sundgau bei Mulhouse seien die Biberschwänze beispielsweise nicht mehr rund, sondern eher spitz, führt der Experte aus.

Ein wichtiges Anliegen ist es ihm, die Tradition des Handwerks am Leben zu erhalten. *„Im Elsass gibt es die Tradition des Feierabendziegels. Der letzte Ziegel jedes Arbeitstages wurde mit einer kleinen Zeichnung versehen. Das konnte eine Brezel oder ein Springerle*

Nach alter Weise produzieren die Männer ihre Ziegel für Fachwerkhäuser, Rathäuser oder Schlösser im Elsass.

sein. Es konnten aber auch Nachrichten des Tages sein, beispielsweise über die Geburt eines Kindes. Wir halten diese Tradition am Leben." Auch Ziegel mit Ornamenten wie beispielsweise mit einem Löwen- oder Fischkopf stellt die Manufaktur her. Christophe Henselmann schreitet durch das Gebäude vorbei an altertümlichen Loren, an denen die Tonerde hochgezogen wird zum Herzstück der Anlage – dem Brennofen, in den rund 1 000 Ziegel passen, die bei 1 000 Grad zwei bis drei Tagen gebrannt werden. Zuvor wird der Ton im Kollergang gedrückt und gerührt sowie Wasser dazu gemischt, ehe sie ins Walzwerk rutschen und später in den Trockenraum mit mehreren Ventilatoren gelangen.

Seine Mitarbeiter nehmen bei der Bearbeitung jede Schindel einzeln in die Hand und machen Kerben hinein. *„Das sind alles Einzelanfertigungen. Wir setzen auf Qualität, nicht auf Quantität. Die manuelle Fertigung ist unsere Stärke. Wir arbeiten im Grunde nicht anders als Handwerker im 18. oder 19. Jahrhundert"*, sagt der Manufaktur-Chef. Er deutet auf eine Steinpresse, die auch schon ihre 100 Jahre auf dem Buckel hat. Üblicherweise macht er die Formen für Ziegel mit Ornamenten aufwendig aus Gips. *„Aber ich habe mir nun ein Computerprogramm zugelegt, das die Arbeit enorm erleichtert. Das spart mir viele Stunden Werkelei"*, fügt er hinzu. Er selber sitzt zwar in Lothringen, arbeitet aber vornehmlich für das Elsass und das übrige Frankreich. Wie das kommt? *„Lothringen war schon immer ärmer als das Elsass. Dort wird zudem mehr Wert auf Tradition und schmucke Fassaden gelegt. Das ist zumindest meine Einschätzung"*, mutmaßt der letzte handwerkliche Ziegelmacher Lothringens.

Auch Ziegel mit Ornamenten wie hier mit dem an einen Fisch erinnernden Wesen stellt die Manufaktur her.

Zum Autor

Volker Knopf, Jahrgang 1967, ist in Karlsruhe geboren und studierte Politikwissenschaft, Englische Literatur- und Medienwissenschaft in Frankfurt, Marburg und Nottingham. Anschließend folgte ein Volontariat beim Schwarzwälder Boten.

Seitdem arbeitet er von der Fächerstadt aus als freier Journalist für etliche Tageszeitungen im Südwesten, unter anderem über Lothringen und das Elsass.

Der Badener hat bereits einige Bücher über Ostfrankreich verfasst und schätzt die „art de vivre" beim gallischen Nachbarn ebenso wie einen Bummel über die sonntäglichen Trödelmärkte im Elsass.